Coleção Vértice
119

DO TEMPERAMENTO AO CARÁTER
Como tornar-se um líder virtuoso

Conheça nossos clubes

Conheça nosso site

- @editoraquadrante
- @editoraquadrante
- @quadranteeditora
- Quadrante

ALEXANDRE HAVARD

DO TEMPERAMENTO AO CARÁTER
Como tornar-se um líder virtuoso

Tradução
Cristina Parreira Ganilho Santos

QUADRANTE
São Paulo
2020

Título original
From temperament to character

Copyright © 2020, Alexandre Havard

Capa
Camila Lavôr

Dados Internacionais de Catalogação na Publicação (CIP)

Havard, Alexandre
  Do temperamento ao caráter : como tornar-se um líder virtuoso / Alexandre Havard; tradução de Cristina Parreira Ganilho Santos. – São Paulo : Quadrante, 2020.
  Título original: *From temperament to character*
  ISBN: 978-65-89820-20-8
  1. Humildade 2. Liderança - Aspectos morais e éticos 3. Magnanimidade I. Título
                                                            CDD 248.4

Índice para catálogo sistemático:
1. Magnanimidade : Crescimento pessoal : Vida cristã 248.4

Todos os direitos reservados a
QUADRANTE EDITORA
Rua Bernardo da Veiga, 47 - Tel.: 3873-2270
CEP 01252-020 - São Paulo - SP
www.quadrante.com.br / atendimento@quadrante.com.br

Sumário

Do autor 7
1. Temperamento e caráter 11
2. As virtudes do caráter 17
   Prudência: tomar boas decisões 17
   Coragem: arriscar e manter a rota 22
   Autodomínio: direcionar suas paixões 28
   Justiça: dar a cada um o que lhe é devido 32
   Magnanimidade: aspirar a coisas grandes 35
   Humildade: conhecer-se e servir os outros 39
3. O colérico: seu desafio pessoal 45
4. O melancólico: seu desafio pessoal 53
5. O sanguíneo: seu desafio pessoal 61
6. O fleumático: seu desafio pessoal 67
7. Desenvolva a virtude que constitui seu principal desafio.. 75
   Desenvolva a audácia 75
   Desenvolva a persistência 76
   Desenvolva a magnanimidade 77
   Desenvolva a humildade 79
8. Descubra sua missão 81
   Um apelo à ação 81
   Sua história 82
   Seu talento 84
   Formule sua missão 85

9. Os fundamentos e a essência da liderança 89
   A magnanimidade e a humildade fraterna: essência da liderança 89
   A prudência, a coragem, o autodomínio e a justiça: fundamentos da liderança 90
   As virtudes específicas do líder apoiam-se nas virtudes de base 90

10. O conhecimento próprio 93
    A humildade metafísica 93
    A humildade ontológica 94
    A humildade espiritual 95
    A humildade psicológica 95

11. Um coração ativo 97

12. Por que servir? 99
    O falso altruísmo 99
    O altruísmo secularizado 100
    O altruísmo religioso 100
    O altruísmo cristão 101

13. A espiral de crescimento 103

14. A magnanimidade e a humildade: um binômio inseparável 107
    Magnanimidade 108
    Humildade 111

15. A ética das virtudes 115
    Liberdade interior 116
    Unidade de vida 117
    Sabedoria 117
    Criatividade 117
    Maturidade cultural 118
    Plenitude 118

16. A liderança virtuosa e a gestão 121

17. A liderança virtuosa e a educação 123

18. A liderança virtuosa e o sucesso 125

Do autor

A liderança só pode ser virtuosa. Se não o for, não será liderança. Quando, na Grécia Antiga, se mencionava a liderança, acentuavam-se as virtudes dos líderes. Não se podia imaginar uma liderança desprovida de valores e de virtudes. A liderança foi concebida, desde a sua origem, como uma atividade moral.

Deveríamos ser suficientemente humildes para escutar estes arautos da civilização e suficientemente magnânimos para nos deixarmos inspirar pela grande tradição humanista cujos alicerces edificaram. De igual forma, deveríamos ser suficientemente inteligentes para enriquecer esta construção com o contributo específico do pensamento judaico-cristão que robustece necessariamente a herança intelectual da Grécia Antiga.

Este livro é uma sistematização do que devemos conhecer e fazer para nos tornarmos líderes virtuosos. Antes de mais nada, deveremos aprender a conhecer-nos a nós mesmos.

Autoconhecimento, excelência pessoal e plenitude de vida: eis os objetivos desta obra, expostos de uma forma prática.

Alexandre Dianine-Havard

Só pode existir um progresso verdadeiro: a soma dos progressos espirituais alcançados pelos indivíduos; o grau do seu aperfeiçoamento moral ao longo da vida.

Alexander Soljenítsin

1.
Temperamento e caráter

A personalidade humana compõe-se de um temperamento e de um caráter.

O temperamento é a predisposição natural e inata a reagir de determinada forma. Trata-se de um dom da natureza e, no limite, de um dom de Deus. O temperamento pode ser colérico ou melancólico, sanguíneo ou fleumático. Nascemos com nosso temperamento e não podemos mudá-lo: morreremos com as qualidades e os defeitos dele.

É sobre a base do temperamento que forjamos nosso caráter. O caráter é composto de virtudes, das quais as mais importantes são a prudência, a coragem, o autodomínio, a justiça, a magnanimidade e a humildade. Virtudes são hábitos morais, forças espirituais adquiridas e desenvolvidas com a prática. Não nascemos com nosso caráter: ele é algo que construímos.

A palavra «caráter» vem do grego antigo *kharaktêr*, que era uma figura impressa numa moeda. As virtudes imprimem o selo do caráter sobre nosso temperamento, para que já não seja o temperamento a dominar-nos.

Pela educação do caráter, aprendemos a ultrapassar as fraquezas de nosso temperamento. Aprendemos, quando necessário, a fazer o oposto do que «surge espontaneamente», uma vez que o que surge espontaneamente fica com frequência muito aquém do perfeito. O colérico, por exemplo, tem inclinação natural para o orgulho e para a cólera. Pode, no entanto, vencer estes defeitos pela prática da humildade e do autodomínio. À sua primeira reação, que é fisiológica, pode responder com uma segunda reação, que é espiritual.

Os quatro temperamentos definem-se da seguinte forma:

O colérico distingue-se pela sua reatividade momentânea, enérgica e estável.

O melancólico distingue-se pela sua reatividade tardia, profunda e estável.

O sanguíneo distingue-se pela sua reatividade momentânea, espontânea e efêmera.

O fleumático distingue-se pela sua reatividade tardia, moderada e efêmera.

O colérico é enérgico: orienta-se para a ação.

O melancólico é profundo: é a ideia que o ocupa.

O sanguíneo é espontâneo: vive de sua relação com as pessoas.

O fleumático é moderado: procura sobretudo a paz.

Se o pai e a mãe possuem temperamentos diferentes, os filhos provavelmente herdarão temperamentos diferentes. Quando jovens, pode acontecer que tenham os dois, tão forte um como o outro. No entanto, com o passar dos anos, um dos temperamentos vai tornar-se predominante.

Na Rússia e em Portugal, é o temperamento melancólico que predomina. Na Espanha, o colérico. Na Itália, o sanguíneo. Na Finlândia, o fleumático. Em numerosos países, como na França ou nos Estados Unidos, não existe um temperamento dominante.

Não devemos confundir a cultura de um povo com o temperamento de seus membros. A cultura norte-americana (o «sonho americano») satisfaz amplamente os desejos dos coléricos, sem ser verdade, no entanto, que a maioria dos americanos seja colérica. A nova cultura mundial, com o desenvolvimento da comunicação social, satisfaz plenamente as necessidades dos sanguíneos, sem ser verdade, no entanto, que a maioria da população mundial seja sanguínea.

Nosso temperamento inclina-nos para uma direção ou para outra: o colérico tende a fazer inúmeras coisas, mas custa-lhe dar atenção às pessoas; o melancólico tende a contemplar as belas ideias, mas custa-lhe pô-las em prática; o sanguíneo tende a partilhar seus sentimentos com os outros, mas custa-lhe colocar a última pedra em cada projeto que empreende; o fleumático tende a analisar processos, mas custa-lhe sonhar com coisas grandes.

A virtude compensa os defeitos de nosso temperamento: o colérico que pratica a humildade cuida das pessoas; o melancólico que pratica a audácia lança-se a atuar; o sanguíneo que pratica a persistência finaliza seus projetos; o fleumático que pratica a magnanimidade sonha grande. Cada um de nós chega ao cume da excelência seguindo um caminho e um declive que lhe são específicos e que vêm indicados pelo temperamento.

É importante discernir, em si e nos outros, o que é do âmbito da fisiologia e o que é do âmbito espiritual. A energia fisiológica não é a coragem, ainda que favoreça a coragem; a apatia fisiológica não é a preguiça, ainda que favoreça a preguiça. Dois extremos devem ser evitados: um consiste em negar a realidade do caráter; o outro, em negar a realidade do temperamento. O primeiro erro é o do «determinismo» e o segundo, do «voluntarismo».

Os deterministas negam o espírito, o caráter, a virtude. Interpretam as ações humanas segundo um ponto de vista exclusivamente biológico. Ao justificar suas ações condenáveis a partir da especificidade de seus temperamentos, acabam por negar a própria liberdade, a própria responsabilidade e a própria dignidade. As suas e as dos outros.

Os voluntaristas negam o temperamento. Interpretam as ações humanas apenas segundo o ponto de vista da vontade (da liberdade). Consideram as tendências fisiológicas como defeitos espirituais. Na ação incansável do colérico, veem orgulho; no ensimesmamento do melancólico, veem egoísmo, covardia, fuga; a alegria de viver do sanguíneo é interpretada como falta de autodomínio; enquanto a fleuma, para eles, não é senão preguiça e ociosidade.

Os voluntaristas preferem a uniformidade espiritual e encontram dificuldades para tolerar a multiplicidade de comportamentos. Têm em mente apenas um modelo de excelência: aquele forjado por seu temperamento mesmo. Acusam com frequência os que «dividem» os temperamentos em quatro categorias de classificarem as pessoas ou de as colocarem «no mesmo saco», ao passo que eles mesmos estão já a classificar a humanidade inteira e a colocá-la num mesmo saco: aquele de seu temperamento, que na realidade acaba por ser uma prisão espiritual para quem possui temperamento diferente. É má ideia escolher um voluntarista como mentor ou diretor espiritual.

Exercício

Faça dois ou três testes de temperamento com o intuito de identificar seu temperamento dominante e secundário. Ao avaliar-se, não tenha medo do resultado: não se trata aqui de seu caráter, mas de seu temperamento. Trata-se de sua primeira reação (a reação fisiológica) aos estímulos exteriores. Quanto mais conseguir descortinar essa primeira reação, mais válido será o resultado dos testes.

2.
As virtudes do caráter

O caráter compõe-se de virtudes, das quais as mais importantes são a prudência, a coragem, o autodomínio, a justiça, a magnanimidade e a humildade.

A magnanimidade (grandeza de espírito) e a humildade fraterna (espírito de serviço) constituem a *essência* da liderança. A prudência, a coragem, o autodomínio e a justiça constituem os *fundamentos* da liderança. A humildade fundamental (conhecimento próprio) constitui o *fundamento dos fundamentos* da liderança.

Prudência: tomar boas decisões

A prudência permite-nos perceber as situações em toda a sua complexidade e tomar decisões de acordo com essa percepção. Ela compõe-se essencialmente de dois elementos: a deliberação e a decisão.

DELIBERAÇÃO
- Enfrente a realidade.
- Recuse-se a mentir para si mesmo.
- Peça conselhos.

DECISÃO
- Ultrapasse o receio de se enganar.
- Ponha suas decisões em prática sem demoras.

A prudência não consiste em ser astuto, esperto ou hábil, mas em tomar boas decisões. Boa decisão é aquela que está em consonância com a realidade das coisas (situação concreta) e das pessoas (sua dignidade). Se, em vez de tomar decisões de acordo com a realidade, nós a «reconstruímos» habitualmente (mentindo a nós mesmos) para que sirva a nossos interesses e satisfaça nossas paixões, então nunca exercitaremos a prudência.

A prudência exige a perspicácia, a diligência (devemos dedicar tempo a estudar a realidade) e a humildade (devemos pedir conselho), mas em primeiro lugar vem a audácia (devemos ser capazes de enfrentar a realidade e arriscar).

Se nos falta a prudência, não tomaremos decisões ou tomaremos decisões equivocadas. Sem prudência não há liderança. O líder deve ser um bom decisor.

George Washington, primeiro presidente dos Estados Unidos, captou perfeitamente a realidade durante a guerra pela independência americana. Sua força armada era inferior à do inimigo (em número, armas e generais). Com base nesses fatos incontestes, decidiu empreender a guerra pela independência seguindo uma metodologia de guerrilha. Se não fosse esta decisão e a luta contra os ingleses tivesse seguido os padrões antigos, a Inglaterra poderia ainda hoje estar em posse de suas colônias.

Alexander Suvorov, o comandante máximo do exército imperial russo no século XVIII, não suportava as ideias pré-concebidas, desprezava as teorias militares de seu tempo e gostava de repetir: «Ganha-se uma guerra não pelo número, mas sabendo como». Com uma técnica marcial profundamente revolucionária e baseada na rapidez e na mobilidade, ele afirmava que «surpreender o inimigo é derrotá-lo. A perspicácia do olhar, a rapidez e o ataque são os instrumentos da vitória...».

Uma boa decisão agora é melhor que uma decisão perfeita amanhã. Ao planejar uma batalha, Suvorov recolhia-se nas profundezas do seu ser, onde construía planos estratégicos precisos e complexos em condições de incerteza. Em contrapartida, durante a batalha, decidia na hora: escolhia com rapidez extrema, dentre alternativas definidas anteriormente, o caminho que lhe parecia melhor. Suvorov nunca se deixava ultrapassar pelos acontecimentos: era sempre ele quem tomava a iniciativa e impunha seus planos aos inimigos. Era excelente tanto na ação como na deliberação. Nas sessenta batalhas que dirigiu, não conheceu nenhuma derrota, ainda que estivesse, em todas elas, em inferioridade numérica. Foi um dos homens mais extraordinários de sua época. Numa carta dirigida a Suvorov, lorde Nelson escreve: «Hoje fui considerado digno da mais elevada de todas honras. Disseram-me que eu era parecido convosco. Estou orgulhoso, pois, sendo eu tão pouca coisa, assemelho-me a tão grande homem».

Madre Teresa, fundadora das Missionárias da Caridade, tinha consciência de sua missão: ser mãe para os mais pobres dos pobres, tomar parte em sua desolação interior, manifestar ao mundo inteiro o amor infinito de Deus por cada pessoa, única e insubstituível como era. Por isso, dizia: «Para aqueles que viveram como animais, uma bela morte é morrer como anjos, amados e queridos». Foi para cumprir esta missão que fundou, em 1950, a congregação das Missionárias da Caridade. Alguns anos mais tarde, muitos foram os que exerceram pressão para que, por «razões de eficácia», Madre Teresa adotasse critérios de tomada de decisão próprios de uma organização filantrópica. Madre Teresa, no entanto, foi corajosa o bastante para enfrentar a realidade: «Somos uma congregação religiosa, e não uma organização filantrópica!». Ela não cedeu; antes, praticou a prudência, e a instituição que criou tornou-se, em poucos anos, a congregação religiosa mais fecunda do mundo católico.

Os fariseus de que nos falam os Evangelhos são um exemplo típico de imprudência. Em vez de raciocinarem com lógica – «Este homem era cego e agora vê; logo, este Jesus que o curou deve ser um homem de grande santidade» –, deformam brutalmente a realidade, influenciados por suas paixões (o ódio e a inveja) e seus interesses (o poder e o dinheiro): «Este Jesus é um pecador, e os pecadores não fazem milagres; logo, este cego de nascença nunca o foi de fato». Os fariseus desprezam a realidade: vivem de preconceitos com os quais justificam todas as suas aberrações. O espírito farisaico é eterno, ameaça-nos constantemente. O debate sobre o aborto é um bom exemplo. A genética moderna afirma aquilo que todas as mulheres que um dia estiveram grávidas sabem, isto é, que o ser humano é um ser humano desde o momento de sua concepção. Logo, o aborto não é nunca justificável. No entanto, em numerosos países declara-se como progressista aquilo que não passa da destruição cruel de uma vida humana inocente. Do ponto de vista da prudência, o problema não está bem no fato de o aborto não ser punido por lei (o que é uma decisão política), mas sim em que os meios de comunicação social o utilizem como estandarte da liberdade, da democracia, do progresso e do respeito pelos direitos do homem. Quando se despreza a ciência, o debate sobre a prudência torna-se uma aberração.

Avalie-se

Identifique seu inimigo. Trata-se de uma falta de interesse pela verdade e pela realidade? Ou será mais um desejo obsessivo de certezas?

Coragem: arriscar e manter a rota

A coragem tem duas dimensões: a audácia e a persistência. O líder sabe arriscar. Sabe igualmente perseverar. É previsível na sua persistência (a persistência origina a fidelidade), mas imprevisível na sua audácia (a audácia origina a criatividade).

AUDÁCIA
- Habitue-se a arriscar.
- Certifique-se da moralidade de seus objetivos e meios.

PERSISTÊNCIA
- Persevere e seja fiel na adversidade.
- Certifique-se de que sua perseverança não é fruto de uma teimosia exagerada, mas de uma tomada de posição refletida e justa.

A coragem não é expressão de um tipo de vontade qualquer. A única vontade que pode servir de base para a coragem é a vontade boa e justa. O terrorista que se sacrifica por sua causa não é corajoso, mas apenas um louco violento e obstinado. Uma pessoa só é corajosa se tanto seus objetivos quanto os meios utilizados para alcançá-los forem justos, isto é, se respeitarem os princípios fundamentais da natureza humana e da dignidade da pessoa.

Na persistência enraízam-se as virtudes da perseverança e da fidelidade. Um homem fiel é aquele que resiste à prova do tempo: as circunstâncias mudam, mas sua substância, não. Ele não se deixa manipular pela novidade: é uma alma estável num mundo instável.

Quando nos falta a coragem, nosso discurso se torna hipócrita: falta-nos a audácia para passar à ação (e, ainda que nos lancemos a ela, mais cedo ou mais tarde, sob a pressão das pessoas e dos acontecimentos, retrocedemos). A confiança que inspiramos nos outros porque «parecíamos inteligentes» se perde. Sem coragem, a liderança não tem futuro.

O professor Jérôme Lejeune tornou-se mundialmente célebre, chegando a ser cogitado para o Prêmio Nobel, graças à descoberta da origem genética da trissomia 21, em 1958. Porém, no famoso 1º de outubro de 1969, em que se dirigiu a São Francisco para receber o Prêmio William Allan, outorgado pela Sociedade Americana de Genética Humana, ele compreendeu, estupefato, que a grande maioria dos geneticistas americanos ali presentes acreditava ser um ato de caridade identificar *in utero* os bebês com trissomia 21 para poder eliminá-los. De fato, haviam chegado ao ponto de outorgar o Prêmio William Allan a Jérôme Lejeune precisamente por ter facilitado a identificação.

Jérôme viu-se diante de um dilema: mentir e fazer carreira ou dizer a verdade e deixar-se crucificar. O professor optou pela segunda, ciente de que o discurso que pronunciaria seria perfeitamente entendido por seus colegas, dado ser a fala de um geneticista que se baseava não numa religião ou filosofia moral particular, mas na genética, uma ciência natural, cujos conhecimentos podem ser verificados por métodos experimentais. Ele sabia que não seria perdoado por não deixar a plateia enganar-se a si mesma e mentir redondamente. Sabia que pagaria caro por isso durante toda a vida: todas as honras, prêmios, recompensas, o Nobel da Medicina... Nunca mais os teria.

Ele começou o seu discurso:

«A genética moderna mostra que, no momento mesmo em que o óvulo é fecundado pelo esperma, toda a informação genética que define o novo indivíduo está inscrita, na sua integridade, na primeira célula. Nenhuma outra informação genética é acrescentada ao ovo após sua fecundação inicial. Assim, a ciência afirma que um ser humano não poderia ser um ser humano se não tivesse sido concebido originalmente como ser humano. Por isso, o aborto é um crime hediondo».

A fim de defender a verdade científica e a grande verdade moral que dela decorre, Jérôme Lejeune resistiu ao ambiente da época, sobretudo ao ambiente revolucionário de maio de 1968. Ele não recebeu mais convites para conferências internacionais sobre genética. O financiamento de suas pesquisas foi cancelado. Viu-se obrigado a fechar seu laboratório e despedir sua equipe de pesquisa. Abandonado pelos amigos e crucificado pela imprensa, foi reduzido à condição de pária, mas aceitou esta condição com a serenidade e a alegria de quem sabia não ter cedido aos incentivos diabólicos da multidão. Veio a falecer no Domingo de Páscoa de 1994, após uma breve agonia que se iniciou na quarta-feira da Semana Santa. Jérôme Lejeune, eis um exemplo impressionante de audácia e persistência.

O escritor russo Alexander Soljenítsin sobreviveu à guerra, a um câncer, a uma tentativa de assassinato, a oito anos de *gulag* e a vinte em exílio. Resistiu, ao longo de décadas, à pressão de um regime totalitário que se tinha comprometido a aniquilá-lo. Foi grande a sua reputação, tanto na Rússia como no exterior, enquanto se limitou a criticar Stalin, como foi o caso de sua primeira obra: *Um dia na vida de Ivan Denisovich*. Isso convinha perfeitamente aos objetivos de Khrushchov, que à época dirigia uma campanha contra o culto de personalidade de Stalin. Convinha igualmente aos intelectuais filomarxistas do Ocidente, que admiravam a Revolução de Outubro, mas julgavam que Stalin a tinha traído. Contudo, em suas obras subsequentes, Soljenítsin afirma claramente que se opunha não só a Stalin, mas também a Lenin e à Revolução de Outubro. Desse modo, atraiu para si a inimizade de legiões de intelectuais ocidentais que haviam sido seus apoiadores, mas que simpatizavam com a causa revolucionária. Exilado no Ocidente, Soljenítsin deparou-se com a incompreensão e o escárnio provocados pela recusa a jurar fidelidade aos ideais materialistas em voga nos anos 1970. Proclamado inimigo da liberdade e do progresso pela crescente armada de seus detratores, que não suportavam uma visão do mundo contrária à deles, não cedeu em nenhum instante.

Herb Kelleher, cofundador e diretor geral da empresa americana Southwest Airlines, tinha um sonho: proporcionar a qualquer pessoa a possibilidade de viajar de avião, oferecendo preços acessíveis sem diminuir, porém, a elevada qualidade do serviço de bordo. Ao anunciar, em 1971, a intenção de fundar a Southwest, inúmeras vozes no Texas afirmaram ser loucura um tal afrontamento aos monopólios existentes. Kelleher, no entanto, foi audaz o suficiente para dar início a seu projeto. Audaz e perseverante. Os detentores do monopólio texano, indignados com a presença de concorrentes no mercado, infligiram-lhe 31 processos num período de quatro anos. Kelleher resistiu. E, após os ataques terroristas de 11 de setembro de 2001, manteve o rumo generoso que havia escolhido para sua empresa: deu preferência à limitação do lucro em vez de dispensar trabalhadores ou reduzir salários. Sem dúvida, dá-nos um ótimo exemplo de persistência.

Piotr Stolypin, primeiro-ministro russo de 1906 a 1911, foi, de longe, a figura mais brilhante dos chefes de governo de Nicolau II. Foi o único a conceber um projeto para erradicar a onda de terror e revolução que estivera assolando a Rússia ao longo de décadas. O projeto consistia em dar lugar à classe agrária e operária no sistema econômico, a fim de que, pela primeira vez na história do país, pudessem usufruir do fruto de seu próprio trabalho.

Stolypin buscou a transformação jurídica e administrativa do império. A reforma agrária era a pedra de toque de seu programa. Tratava-se de um empreendimento politicamente arriscado: a propriedade coletiva agrária era como que misticamente venerada por socialistas e até por conservadores. Os socialistas estimavam a comuna, considerada um precedente histórico, um modelo para socializar a totalidade da vida econômica e social do país. A classe de proprietários agrícolas conservadores, por seu lado, via-a como base de poder e influência. Stolypin era conservador por temperamento, educação e tendência política, mas, prudente, era sobretudo realista. Compreendeu que a comuna agrária era moralmente injusta, economicamente ineficaz e fonte de instabilidade social. Com a redistribuição da terra arável a cada três anos, segundo o princípio da igualdade, via-se a desresponsabilização de cada camponês e a desmotivação para a melhoria da sua parcela de terra. Com o passar do tempo, a comuna tornou-se terreno fértil para a agitação revolucionária. O projeto de reforma agrária de Stolypin, cujo objetivo era transformar o camponês em «proprietário», provocou uma oposição feroz dos socialistas, que receavam, com razão, o desaparecimento da fonte de insatisfação que pretendiam explorar. Também os proprietários poderosos se opuseram com furor: percebiam que o reforço da classe agrária decretaria o fim do sistema social que constituía sua fonte de poder. O czar, para se proteger da fúria dos opositores, opôs-se a seu primeiro-ministro. Alexandre Soljenítsin afirmou que, se a Rússia tivesse adotado este programa de reforma, teria surgido uma nova classe agrária e a nação teria sido poupada ao bolchevismo. Infelizmente, o projeto foi interrompido, abrindo assim caminho à revolução comunista.

Stolypin, ainda que só e isolado, não abandonou a luta. Dedicou-se, com todo o empenho, ao que considerava ser sua missão, mesmo sabendo que o único meio de recuperar a segurança e a tranquilidade para si e para sua família seria sua renúncia. No entanto, nunca foi intenção sua ceder ao terror, ficando célebres as palavras que deixou em seu testamento: «Enterrem-me onde eu for assassinado». Seu assassinato ocorreu de fato, em setembro de 1911, pelas mãos de um personagem tenebroso: Dmitri Bogrov, que tinha ligações tanto com terroristas revolucionários quanto com a polícia secreta do czar. Eis mais um exemplo de persistência.

Avalie-se

Identifique seu inimigo. Será o medo de errar? Ou será antes a falta de persistência?

Autodomínio: direcionar suas paixões

As paixões nobres levam-nos a realizar ações nobres. As paixões vis levam-nos a realizar ações vis. O autodomínio reprime as paixões vis e estimula as paixões nobres, colocando-as ao serviço de nossa missão.

PAIXÕES VIS
- Desejos impuros (sede egoísta de poder, de dinheiro ou de prazer).
- Ira injusta, fruto do orgulho.

PAIXÕES NOBRES
- Desejos e ambições nobres (a paixão mais elevada é o amor disposto a sacrificar-se pelo outro).
- Ira justa, como resposta à injustiça.

O autodomínio é o poder do coração e da inteligência. Trata-se da capacidade de dizer «sim» ao que nos engrandece e dizer «não» ao que nos envilece. A intemperança é sinal de castração e de amputação; é a agonia de um coração incapaz de se afirmar nas profundezas de seu ser.

O autodomínio exige, antes de mais nada, a prática da humildade: a humildade de reconhecer que temos paixões más. Se pensarmos que só temos emoções e paixões boas, não veremos a necessidade de praticar o autodomínio. Devemos ver-nos a nós próprios com um olhar de humildade: a sede de poder, de dinheiro e de prazer atrofia o coração em vez de engrandecê-lo, e o mesmo ocorre com a ira, que normalmente é fruto do orgulho. Precisamos aceitar a verdade sobre nós mesmos para que possamos defender nossa dignidade com uma luta espiritual eficaz.

O autodomínio cria em nosso coração um espaço para a grandeza e para o serviço, isto é, para a liderança virtuosa. Quando alguém está obcecado com a imagem que tem de si, com seu poder, seus bens ou seus prazeres, acaba por perder o sentido de sua missão. Em seu coração e em seu pensamento não haverá lugar para os outros.

O autodomínio não consiste apenas em reprimir nossas paixões vis. Consiste ainda, e antes de mais nada, em estimular e vivificar nossas paixões nobres; em fazer o bem não apenas com a vontade, mas também com o coração: com os sentimentos e os sentidos; em experimentar prazer na prática do bem. O nirvana oriental, a apatia estoica, o espiritualismo platônico, o moralismo kantiano e o puritanismo são doutrinas que não percebem o lugar das paixões na natureza humana, e assim são incapazes de compreender o autodomínio. As pessoas que temem suas paixões ou não lhes atribuem valor ontológico e existencial (aqueles que, por exemplo, face a uma injustiça que oprime milhares de pessoas, reprimem sua ira em vez de lhe dar azo) nunca atingirão a excelência. O cristianismo veio infligir um golpe mortal em todos estes desvios espiritualistas: Jesus Cristo, Deus feito carne, não escondeu seu medo, suas lágrimas, sua indignação, sua ira, sua misericórdia, sua alegria, sua compaixão e seu amor.

Martin Luther King, ainda que pregasse a não violência, consentiu na ira justa (que atua sobre a coragem e incita à ação). Ele nos mostra que, quando a justiça e o bom senso exigem a ira, a mansidão é um erro e um pecado. Em 1963, de sua cela em Birmingham, ele escreveu:

> Quando se assistiu ao linchamento livre, por parte de multidões viciosas, de nossos pais e de nossas mães, ao afogamento de nossos irmãos e irmãs; quando se viu policiais cheios de ódio maldizerem, baterem, brutalizarem e até matarem nossos irmãos e irmãs negros com toda a impunidade; quando se vê a grande maioria dos nossos vinte milhões de irmãos negros sufocar na fétida prisão da pobreza, no seio de uma sociedade opulenta; quando se combate sem tréguas o sentimento devastador de não ser ninguém, então compreende-se porque é tão difícil esperar.

Eis um exemplo do que é a ira justa.

Também Alexandre Soljenítsin soube irar-se diante da injustiça:

> «Publicarei tudo! Proferirei tudo! Desde a dinamite amontoada nas celas do Lubianka aos apelos dos campos de estepe em pleno inverno, ao nome de todos aqueles que foram estrangulados, fuzilados, mortos pela fome, mortos pelo frio».

Avalie-se

Identifique seu inimigo. Será a atrofia de uma sensibilidade nobre? Ou a hipertrofia de uma sensibilidade doentia e descontrolada?

Justiça: dar a cada um o que lhe é devido

Damos a cada um o que lhe é devido quando colocamos em prática as virtudes da comunhão interpessoal e construímos o bem comum. As virtudes fundamentais da comunhão interpessoal são a veracidade e o amor. Em relação ao bem comum, edificamo-lo quando cumprimos nossas responsabilidades profissionais, familiares e sociais com fidelidade.

Comunhão
- Veracidade, sinceridade e simplicidade.
- Empatia, amizade, alegria.
- Amor e misericórdia.

Bem comum
- Laboriosidade.
- Vida de família.
- Cidadania.

Justiça é muito mais do que um mero conceito político, jurídico ou social. Trata-se de uma virtude pessoal, uma virtude do caráter. Não haverá sociedade justa se não houver homens e mulheres justos.

A justiça exige a prudência: só com um espírito perspicaz se pode compreender o que é devido ao outro. O homem prudente compreende, antes de mais nada, aquilo que é devido ao ser humano em geral: dá aos homens o que é devido aos homens. Alguém imprudente dá com facilidade aos homens o que se deve aos primatas. Ele não pode ser justo.

A justiça exige também a coragem: faz-se necessária uma vontade forte para dar a cada um o que lhe é devido de maneira constante, e não apenas de vez em quando.

Tampouco a justiça pode ser praticada sem amor. O homem é um ser pessoal: só lhe podemos dar o que lhe é devido se o amarmos.

Aquele que não é justo serve-se a si mesmo, e não aos outros. Sua liderança é uma mentira e uma traição.

Jérôme Lejeune foi um profissional dedicado: com 38 anos, era o professor de medicina mais novo da França e o primeiro catedrático de genética fundamental. Esposo e pai de família exemplar, dedicou sua vida à luta pelo bem comum da humanidade. Cuidou de milhares de crianças com trissomia 21 e ajudou milhares de pais a amar seus filhos, vítimas desta doença de origem genética. Suas descobertas científicas levaram-no a compreender e afirmar a dignidade incondicional de cada ser humano. Afirmava:

«Ninguém é obrigado a aceitar a ciência. Podereis dizer: "Bem, preferimos ser ignorantes, recusamos absolutamente qualquer descoberta científica". É um ponto de vista. Eu diria que é um ponto de vista "politicamente correto" em alguns países, mas um ponto de vista obscurantista, e a ciência abomina o obscurantismo».

Lejeune deu à ciência o que lhe era devido. Deu à sua família, ao seu país, a toda a humanidade o que lhes era devido. Deu aos cinquenta milhões de crianças sacrificadas todos os anos nas clínicas de aborto do mundo inteiro o que lhes era devido. Lejeune era sincero, simples, convincente. Não lutava contra os homens, mas contra ideias falsas. Tinha tão excelente comunhão interpessoal e era tão bom comunicador que os fanáticos do aborto o temiam sempre que falava em público. Lejeune foi um homem justo: deu a Deus e aos homens o que lhes era devido.

O fundador da gestão como ciência, Peter Drucker, explica melhor do que ninguém o sentido da justiça nos negócios: «O homem de negócios deve fazer do bem comum seu próprio interesse. A tarefa de transformar o que é bom para a sociedade civil em bem para a empresa não é fácil. Requer um trabalho intenso, uma gestão altamente qualificada, um profundo sentido de responsabilidade e uma grande abertura de espírito. Esta afirmação deve ser o ponto de referência para a liderança no mundo moderno, sendo sua aplicação o primeiro dever do líder». Investir no desenvolvimento social e cultural, e não apenas em atividades que possam gerar milhões de dólares: eis uma aplicação prática deste princípio.

Avalie-se

Identifique seu inimigo. Será a debilidade na comunhão e na comunicação? Ou será a falta de interesse pelo bem comum?

Magnanimidade: aspirar a coisas grandes

A magnanimidade é a virtude das almas contemplativas que têm consciência de sua dignidade como seres humanos e de sua vocação transcendente. A magnanimidade dirige-se para a ação. Trata-se da virtude da contemplação e da ação. O magnânimo não reconhece somente sua dignidade de ser humano: afirma-a por meio da ação.

Contemplação
- Consciência de sua própria dignidade.
- Consciência de suas forças e talentos.
- O sonho.

Ação
- Afirmação de sua própria dignidade.
- Afirmação de suas forças e talentos.
- A missão.

A magnanimidade é a aspiração do espírito às coisas grandes. Aquele que procura a grandeza e se esforça por atingi-la é magnânimo. A magnanimidade enraíza-se numa firme confiança nas potencialidades mais elevadas da natureza humana. A magnanimidade é um ideal de grandeza do homem e um ideal de confiança no homem. Trata-se da forma máxima da esperança humana.

Magnanimidade não é orgulho. O magnânimo

compreende perfeitamente que sua força, sua dignidade e sua grandeza são sobretudo dons de Deus, mais do que o mero resultado de sua própria atividade.

O magnânimo procura a grandeza, e não o reconhecimento. O pusilânime carece do sentido de sua dignidade pessoal, da dignidade inerente à sua condição humana: atribui-se o valor que os outros lhe dizem ter. Ele procura o reconhecimento profissional a todo custo. Corre, agita-se em todos os sentidos e em inúmeras tarefas, receando não ser reconhecido. Aquele que possui um sentido profundo de sua dignidade não precisa de reconhecimento. Sua ação exterior é o prolongamento de sua riqueza interior.

A magnanimidade é a primeira virtude específica dos líderes. Os líderes são magnânimos na visão que têm de si mesmos: nos seus sonhos e missões; na confiança, no entusiasmo, na esperança e na audácia; em sua aptidão para utilizar meios proporcionais aos fins; em sua capacidade de fixar objetivos pessoais elevados para si e para os que os rodeiam.

Martin Luther King foi ao mesmo tempo filósofo e homem de ação. Ele nos revela que a liderança começa com um sonho. No discurso «*I have a dream*» (provavelmente o mais famoso do século XX), expressa seu sonho de justiça e liberdade para uma sociedade de escravidão e ódio. O líder é um sonhador que transforma esse sonho em realidade, que o põe em prática. O sonho do pusilânime é uma fantasia, enquanto o do magnânimo dirige-se para a ação. O magnânimo não receia o erro, mas apenas a ausência de ação. King escreveu em 1963:

«Espera!». Há anos que ouço esta palavra, que ressoa aos ouvidos de qualquer negro, com uma familiaridade impressionante. Este «Espera!» quase sempre significa «Nunca». Infelizmente, estou chegando à conclusão de que o principal obstáculo que se interpõe entre a luta dos negros e sua liberdade não é o White Citizens' Councils, nem a Klu Klux Klan, e sim o branco moderado [...], cujas crenças paternalistas o levam a achar que pode estipular um calendário para a liberdade de outro homem, que cultiva o mito de que o tempo é nosso aliado e que aconselha constantemente os negros a esperarem por um momento mais oportuno. Nós esperamos mais de 340 anos por nossos direitos constitucionais, dados por Deus. Acredito cada vez mais que aqueles que têm má vontade usam o tempo com muito mais eficácia do que aqueles que têm boa vontade. Esta geração terá de se arrepender não só das palavras e ações coléricas dos maus, mas também do terrível silêncio dos bons. Temos de usar o tempo com criatividade, com a consciência de que sempre é o momento oportuno para fazer o bem.

Martin Luther King transmite uma mensagem muito importante: para o magnânimo, o mal não está no mal que os outros cometem, mas no bem que ele próprio deixa de fazer. Deixar passar a oportunidade, não empreender por medo ou preguiça: eis o que mais faz sofrer um espírito magnânimo.

A Europa nunca teria existido sem a magnanimidade de um jovem monge do século VI chamado Bento. Nascido após a queda do Império Romano, numa época e numa situação minadas pela corrupção e pelos repetidos assaltos das invasões bárbaras, Bento compreendeu o desafio espiritual e cultural que a Europa devia enfrentar. Com seus discípulos, estabeleceu uma rede de comunidades monásticas por toda a Europa, com o objetivo de conservar e expandir a fé cristã e a herança da cultura antiga entre os bárbaros. Foi graças a Bento que a civilização ocidental se preservou. No Leste europeu, também os irmãos Cirilo e Metódio, monges gregos nascidos na Tessalônica do século IX, foram capazes de uma magnanimidade comparável à de Bento. Ambos conceberam um projeto audacioso para cristianizar os eslavos da Europa oriental, criando um alfabeto adaptado à fonética da língua eslava a fim de que eles pudessem ler a Bíblia e acompanhar a liturgia da Igreja. Enquanto erguiam os fundamentos da cultura eslava, sofreram calúnia, perseguição e prisão. Cirilo e Metódio foram gigantes não só do espírito, mas também da cultura e da inculturação: seu desejo de levar a verdade revelada a novos povos, mas sempre respeitando a originalidade cultural de cada um, continua a ser um modelo vivo para os evangelizadores de todos os tempos. No domínio político, ademais, Cirilo e Metódio nos recordam de que a união dos povos só pode se concretizar no respeito e no amor pela diversidade. «Unidade, sim; uniformidade, não!»: eis sua mensagem.

Avalie-se

Identifique seu inimigo. Será a ausência de contemplação («Não valho nada»)? Ou será a ausência de ação («Não posso nada»)?

Humildade: conhecer-se e servir os outros

A humildade é o hábito de viver na verdade sobre si mesmo (no conhecimento próprio). Consiste, também, no hábito de servir aos outros. Nós servimos aos outros sobretudo quando os ajudamos a crescer como pessoas.

CONHECIMENTO PRÓPRIO
- Consciência de nossa condição de seres criados.
- Consciência de nossas misérias e fraquezas.
- Consciência de nossa dignidade.
- Consciência de nossos talentos pessoais.

SERVIR AOS OUTROS
- Servir.
- Ajudar a que cresçam como pessoas.

O autoconhecimento é a «humildade fundamental» e é fruto da contemplação. O serviço ao outro é «humildade fraterna». Resulta da ação.

A humildade fundamental não deve ser confundida com pusilanimidade. É bem verdade que nos revela nossas limitações e nossas misérias, mas também nos ajuda a tomar consciência de nossa dignidade e de nossos talentos pessoais (da mesma forma como o faz a magnanimidade). Se não reconhecemos nossos talentos, não somos humildes, mas pusilânimes.

A magnanimidade e a humildade são duas virtudes inseparáveis. Só uma pessoa magnânima (que tem consciência de sua grandeza) pode ser humilde sem cair na pusilanimidade, do mesmo modo como só uma pessoa humilde (que tem consciência de que seus talentos são dons, e não resultado de qualquer atividade pessoal) pode ser magnânima sem cair no orgulho.

A humildade fraterna é a segunda virtude específica do líder. Para um líder, praticar a humildade consiste mais em puxar para a frente do que em empurrar; mais em inspirar do que em comandar; mais em ensinar do que em controlar. Pôr em prática a humildade é dar aos outros a capacidade de realizarem seu potencial humano e atingirem a grandeza. O líder não delega o poder porque não tem tempo para fazer tudo sozinho, mas por querer que seus colaboradores melhorem (sabe, afinal, que se cresce facilmente quando se participa do processo de tomada de decisão). O líder promove mais seus colaboradores do que a si mesmo; não se torna indispensável, mas assegura sua sucessão. Eis a humildade fraterna colocada em prática.

Édouard Michelin, fundador da empresa Michelin, punha em prática a humildade fraterna. Nos anos 1930, Marius Mignol, um operário tipográfico sem formação intelectual alguma, foi contratado para trabalhar na tipografia da fábrica. Édouard Michelin dirigiu-se então ao diretor de recursos humanos: «Não fique só nas aparências. É necessário partir a pedra para encontrar o diamante escondido em seu interior». Mignol foi nomeado para o departamento comercial, responsável pelos mercados de exportação. Foi aí que, um dia, Michelin reparou numa curiosa régua de cálculo na mesa de Marius Mignol. Ele a desenvolvera para facilitar a conversão de moedas. «Este homem é um gênio!», exclamou Michelin. Mignol de fato se revelara um homem com uma imaginação extraordinária, e assim foi transferido para o departamento de pesquisa, num período em que o pneu convencional havia atingido seus limites graças ao sobreaquecimento provocado pelas altas velocidades. Para estudar os fluxos de calor no pneu, Mignol concebeu uma «gaiola de moscas», um pneu cujos flancos eram substituídos por cabos metálicos, radiais e muito espaçados. Esta descoberta do pneu «radial» revelou-se revolucionária. Na década seguinte, o pneu radial conquistou o mercado europeu e asiático; nos anos 1970, o americano. A Michelin é hoje a número um do setor em todo o mundo. Para Marius Mignol, Édouard Michelin foi mais do que um patrão. Foi seu mentor, seu educador, seu pai. Édouard, o patrão, tornou-se Édouard, o servo: ajudou Marius a descobrir seu talento e a colocá-lo ao serviço da empresa, do país, do mundo inteiro.

Herb Kelleher fez crescer os colaboradores da Southwest Airlines comunicando-lhes uma mensagem cheia de humanidade, altruísmo e humor:

«A direção está na parte de baixo da pirâmide, e não no topo. Nosso trabalho na direção é dar aos que estão na linha de frente os recursos de que necessitam para poderem ter êxito. Temos um "departamento pessoal" porque nossos empregados são pessoas. Não lhe chamem "recursos humanos". "Recursos humanos": eis um conceito dos planos quinquenais de Stalin!».

Kelleher fomentava, no seio da sua empresa, as iniciativas mais audaciosas. Se alguém apresentava uma ideia à direção, podia ter a certeza de que obteria resposta dentro de uma semana. Kelleher fomentava uma cultura de responsabilização e colaboração, na qual todos se sentiam encorajados a tomar decisões mesmo fora do âmbito de suas responsabilidades cotidianas. «Queremos que nossos colaboradores sejam líderes. Se trabalham no transporte das bagagens ou na gestão da empresa, não importa. Eles dão exemplo aos outros. Devem inspirá-los». E acrescentava: «Escolhemos minuciosamente aqueles que sabem servir aos outros e que gostam de trabalhar em equipe. Reforçamos seu espírito de equipe mediante uma comunicação eficaz e o agradecimento por seus esforços». Kelleher criou uma cultura na qual o colaborador era mais importante que o cliente: «O cliente nem sempre tem razão. Não aceitamos o tipo de cliente que acha que sempre está certo. Dizemos-lhe para escolher outra empresa, para não tratar mal nossos colaboradores». Kelleher não se tornou indispensável. Antes, criou condições para que outros pudessem terminar seu trabalho. Ele preparou sua sucessão multiplicando os focos de liderança ao seu redor.

Avalie-se

Identifique seu inimigo. Será o orgulho («Sou meu próprio deus»)? Ou será a falta de interesse pelas pessoas («Os objetivos materiais são o que me importa»)?

3.
O colérico: seu desafio pessoal

O colérico é enérgico: orienta-se para a AÇÃO.

Pontos fortes
- Possui energia, entusiasmo, força de decisão.
- Tem confiança em si mesmo: está ciente de seus talentos.
- É um empreendedor nato: dá início a numerosos projetos.
- É um gestor por natureza: faz avançar as coisas rapidamente.
- Tem gosto pelo poder: sente-se realizado na competição.

Pontos fracos
- Tem propensão para o orgulho e para a ira.
- Não delibera antes de decidir.
- Inclina-se a um ativismo cego.
- Tem propensão para o confronto e a imposição.
- Encontra dificuldades para reconhecer seus erros.

- Quando dirige pessoas, tem dificuldade em respeitar os sentimentos dos outros, em fazê-los crescer, em responsabilizá-los e em servi-los.

PRUDÊNCIA

Deliberação -
- Precipita-se para a decisão.
- Não lhe agrada pedir conselho.

Decisão +
- É seguro de si.

O colérico não tem dificuldades em tomar decisões, mas em tomar *boas* decisões. Como o Otelo de Shakespeare, dispara primeiro e avisa depois.

No processo de deliberação, o colérico deve pôr em prática o autodomínio (precisa moderar sua impaciência natural) e a humildade (tem de aprender a pedir conselhos habitualmente).

No entanto, pelo fato de prestar mais atenção à deliberação, não deve colocar entraves à sua capacidade natural de tomar decisões. O objetivo da prudência não é a deliberação em si, mas a decisão. Não deliberar é ruim, mas não decidir é ainda pior: trata-se de um ato fundamentalmente imprudente.

CORAGEM

Audácia +
- É seguro de si.

Persistência +
• É estável.

A coragem (audácia e persistência) não é propriamente um desafio para o colérico, contanto que tenha escolhido o caminho da verdade e do bem. O colérico deve, sim, assegurar-se de que seus objetivos e meios sejam justos e se orientem para o bem.

Paulo de Tarso era colérico. Perseguia os cristãos com fanatismo, sacrificando-se «generosamente» pelos seus propósitos. Não se tratava de coragem, mas de tenacidade, porque Paulo estava no caminho errado. Ao converter-se ao cristianismo, seu sacrifício foi orientado a uma causa justa com os meios justos, e ele passou a ser corajoso.

AUTODOMÍNIO

Submeter as paixões vis -
• Tem propensão para o orgulho e para a ira.

Estimular as paixões nobres +
• Transborda de energia e entusiasmo.

O colérico pode estimular facilmente suas paixões nobres, mas deve dominar aquelas vis, como o orgulho e a ira.

Para o colérico, o autodomínio consiste fundamentalmente em pôr em prática a humildade e a delicadeza:

1. A humildade: ele deve compreender que sua força fisiológica não é resultado de seu esforço pessoal, mas um dom.

2. A delicadeza: deve aprender a controlar o que diz e a não considerar as opiniões alheias (aquelas contrárias à sua) como um ataque.

JUSTIÇA

Comunhão -
- Tende a ser conflituoso e a impor-se.
- Tende a menosprezar os que são menos enérgicos do que ele.

Bem comum +
- Tem facilidade em contribuir para o desenvolvimento do bem comum mediante seu trabalho, sua vida de família e sua vida social.

Por se orientar para a ação, o colérico pode facilmente contribuir para a promoção do bem comum, mas com uma condição: que conheça esse bem comum e esteja decidido a promovê-lo.

A comunhão interpessoal, em contrapartida, é um verdadeiro desafio para o colérico, graças à sua tendência para o conflito, para se impor e para menosprezar os que são menos enérgicos. O colérico precisa da humildade para ser capaz de escutar os outros e compreendê-los, para não os humilhar, para não fazer pouco caso de seus sentimentos, para não desrespeitar sua dignidade e sua liberdade em nome de uma «causa» ou de um objetivo que deve ser atingido «a qualquer preço».

MAGNANIMIDADE
Contemplação +
* Tem consciência dos próprios talentos.

Contemplação -
* Tende ao ativismo cego.

Ação +
* É seguro de si.

O colérico tende a propor a si mesmo objetivos elevados e a atingi-los. Por outro lado, também tende ao ativismo cego. Ele precisa reforçar a face contemplativa de sua personalidade: sua ação deve constituir um prolongamento de seu ser, o resultado da contemplação de sua dignidade e grandeza. É frequente ver um colérico agindo pelo gosto de agir, no intuito de alcançar objetivos ou preencher o vazio de sua vida interior. Por outro lado, para o magnânimo, a ação é fruto da consciência de si e nunca degenera em ativismo.

Joana d'Arc possuía um temperamento colérico. Não hesitava nas encruzilhadas da vida. Escolhia um caminho e, qual um relâmpago, empreendia-o sem hesitar – até mesmo no caso de sua morte na fogueira. Porém, o que a distinguiu foi sobretudo o contínuo entrecruzar de sua experiência mística e sua missão política. Tratava-se de uma mulher de ação, mas sua ação resultava da contemplação. «Joana d'Arc foi um ser que esteve tão acima da marcha comum da humanidade que não há quem se lhe compare nos últimos mil anos», afirmou Winston Churchill.

HUMILDADE

Conhecimento próprio +
- Tem consciência de seus talentos.

Conhecimento próprio -
- Tem dificuldade em reconhecer seus talentos como «dons».
- Tem dificuldade em reconhecer os próprios erros.
- Tende ao orgulho.

Serviço -
- Tende a ser conflituoso e ditatorial, a menosprezar os que têm menos energia.
- Quando dirige pessoas, tem dificuldade em «responsabilizar» (sobretudo em delegar poder) e em respeitar os sentimentos dos outros.

O colérico tem consciência de seu talento. Esta consciência é um aspecto importante da humildade, virtude dos que vivem na verdade sobre si mesmos. No entanto, é para ele difícil pôr em prática as outras características da humildade, sobretudo o serviço aos outros. Ele tende mais a empurrar do que a puxar; a comandar do que a inspirar; a controlar do que a ensinar. Sobre aqueles que trabalham sob a sua direção, mais exerce o poder do que facilita a responsabilidade e a autorrealização. Não lhe agrada delegar porque considera que faz as coisas melhor e mais eficazmente que os outros; porque se regozija em sua própria atividade. É um bom gestor, mas, se não aprender a servir as pessoas que dirige, será um péssimo líder.

O colérico necessita sobretudo de humildade

Joana d'Arc era colérica e humilde. Foi uma gestora eficaz (conseguiu expulsar os ingleses da França), mas sobretudo uma líder extraordinária – uma educadora e inspiradora de primeira categoria. Inspirou a grandeza em seus soldados, transformou o coração de milhões de concidadãos e suscitou o renascimento espiritual de uma nação inteira.

Alexander Suvorov, comandante máximo da armada imperial russa, foi também colérico e humilde. Serviu aos seus soldados ajudando-os a ter um sentido apurado de sua própria dignidade. Por isso, ordenava: «Não cuida dos seus homens? Se é um oficial, prisão. Se um suboficial, bastonadas. E bastonadas também para quem não cuida de si mesmo». Suvorov ganhou a confiança e a consideração da sua armada. Sua liderança humilde revelou-se muito eficaz.

4.
O melancólico: seu desafio pessoal

O melancólico é profundo: é a IDEIA que o ocupa.

Pontos fortes
- Tende à contemplação.
- Procura a perfeição em tudo.
- É independente.
- É paciente e persistente.

Pontos fracos
- Tende a se deixar absorver em suas ideias e pensamentos.
- Receia a ação na qual se manifesta irremediavelmente a imperfeição causada pelas limitações da natureza humana.
- Receia a incerteza: não gosta de arriscar.
- Tende ao pessimismo.
- Inquieta-se por coisas insignificantes.

- Trabalha mal em equipe, preferindo fazer à sua maneira.
- Sente-se facilmente ofendido e tende a criticar os outros.

PRUDÊNCIA

Deliberação +
- É profundo e contemplativo.

Deliberação -
- Tende ao pessimismo: exagera as dificuldades.

Decisão -
- Receia a ação na qual se manifesta irremediavelmente a imperfeição causada pelas limitações da natureza humana.
- Não gosta de arriscar: tende à indecisão.

O melancólico é profundo, mas tende ao pessimismo e exagera as dificuldades. No processo de deliberação, precisa de realismo, de otimismo.

Nas tomadas de decisão, necessita de audácia. Agrada-lhe a «ideia», sempre perfeita no coração e no papel, mas receia a ação em que se manifesta irremediavelmente a imperfeição causada pelas limitações da natureza humana.

O melancólico deve vencer seu medo do desconhecido e habituar-se a assumir riscos. Hamlet, personagem assaz melancólico de Shakespeare, é um bom exemplo do desejo obsessivo de certezas que impede a prática da virtude da prudência. Hamlet nunca tem todos os dados na mão. Almeja uma certeza absoluta na ação, e isso o torna incapaz de agir. A obra-prima de Shakespeare é uma verdadeira «tragédia da indecisão», uma «tragédia da inação».

O melancólico precisa recordar sempre as palavras de Peter Drucker: «Quem é muito eficaz erra muito porque inova muito. Eu nunca promoveria a um cargo de grande responsabilidade alguém que nunca tivesse cometido erros, sobretudo erros graves. Essa pessoa é, com toda a certeza, alguém medíocre».

CORAGEM
Audácia -
- Tende a exagerar as dificuldades.
- É desconfiado e cauteloso.
- Sente-se paralisado pelo medo do desconhecido.

Persistência +
- Suporta com paciência as provas mais difíceis.
- É naturalmente constante, fiel e perseverante.

O melancólico persiste com facilidade porque é profundo e sabe descobrir o sentido de suas penas, mas precisa de audácia. Ele prefere a análise à ação. É muito precavido e entra em pânico diante do desconhecido.

O melancólico necessita sobretudo de audácia

Martin Luther King era profundamente melancólico. No entanto, suas frequentes crises de melancolia não o impediram de vencer seus medos e se lançar à ação. Profundamente contemplativo, foi capaz de desafiar o governo americano e fazê-lo reconhecer os direitos dos cidadãos negros dos Estados Unidos. Apenas alguns meses após ter escrito sua carta na prisão de Birmingham, participou da grande «Marcha sobre Washington» e proclamou, diante do memorial de Lincoln, o histórico discurso *I have a dream*... Foi um melancólico audaz.

Maria Callas também teve temperamento melancólico, e foi por vencer o medo de falhar que se tornou a cantora de ópera mais famosa de todos os tempos. Em 1949, o maestro Tullio Serafin propôs-lhe substituir Margherita Carosio, a intérprete de Elvira, que estava doente. Tratava-se do papel principal de *I puritani*, de Bellini, e Callas tinha apenas seis dias para aprendê-lo. Maria Callas não dissimulou sua perplexidade: por um lado, não conhecia o papel; por outro, sabia que uma soprano wagneriana não se transforma de um dia para o outro em soprano coloratura. O maestro, contudo, assegurou-lhe que seria bem-sucedida, e Callas de fato dominou em tempo recorde um dos papéis mais complexos do repertório musical, submetendo sua voz a enormes tensões. A interpretação que ofereceu de Elvira foi de tal forma dramática que o mundo lírico ficou estupefato e elevou-a instantaneamente à condição de estrela internacional. Valorizando a interpretação, até então relegada a segundo plano, Callas transformou a arte lírica do século XX. Por vencer seu receio do fracasso, Maria Callas tornou-se portadora de uma nova esperança para o mundo da música. Com um temperamento melancólico, ela foi audaz.

AUTODOMÍNIO
Submeter as paixões vis -
• Tende ao pessimismo.
• Tende à ansiedade.
• Tende à tristeza.
• Tem espírito crítico.
• É suscetível.

Estimular as paixões nobres +
• Motiva-se facilmente pelos valores nobres.

O melancólico deixa-se facilmente levar pelas paixões nobres. No entanto, deve aprender a dominar certas paixões interiores, como o pessimismo (ele tende a ver somente o lado negativo da realidade), a tristeza (goza de humor muito variável), a ansiedade (inquieta-se com facilidade), o espírito crítico (critica facilmente os outros e seus projetos) e a suscetibilidade (encontra dificuldade em esquecer as ofensas que lhe fazem). O pessimismo e a ansiedade podem ser vencidos pelo realismo: «Na realidade, as coisas não estão assim tão mal: 90% dos problemas que me preocupam só existem na minha imaginação!». O espírito crítico e a suscetibilidade, por sua vez, só podem ser vencidos com o amor. A tristeza do melancólico é insuperável, mas não será um problema de maior monta se ele não ceder ao desespero e não abandonar o senso de humor.

Moisés, o grande profeta do povo judeu («Deus falava-lhe diretamente»), foi melancólico. Ele era naturalmente receoso e pessimista. Assolado por dúvidas a todo momento, mostrava-se reticente a exercer o comando. Em seu diálogo com Deus, que o envia ao povo judeu, sobressaem os seus receios: "Quem sou eu para guiar o povo? Quando me perguntarem quem me enviou, que responderei? O que faço se não acreditarem em mim?». Moisés, contudo, venceu seu pessimismo natural, libertou os judeus da escravidão e conduziu-os à Terra Prometida.

JUSTIÇA
Comunhão -
- Tende a absorver-se em si mesmo.
- Tende à suscetibilidade e ao espírito crítico.
- Tem o espírito de equipe atrofiado.

Bem comum +
- Deseja contribuir para o bem comum.

O melancólico deseja contribuir para o bem comum (é idealista), mas não poderá realizar seu sonho sem desenvolver sua audácia.

Também a comunhão interpessoal é um desafio para o melancólico. Ele permanece de tal modo absorvido em seus pensamentos, sentimentos e emoções que esquece os outros com facilidade. Tende a guardar rancores por muito tempo e a criticar os colegas (ainda que só interiormente). Deve aprender a trabalhar em equipe (ele gosta de fazer as coisas à sua maneira).

MAGNANIMIDADE
Contemplação +
- Tem consciência de sua dignidade.
- Tem consciência de seus talentos.
- Sabe sonhar.

Ação -
- Receia a ação.
- Não gosta de assumir riscos.

A magnanimidade é a virtude da contemplação e da ação. O melancólico tende à magnanimidade do ponto de vista contemplativo: sabe ser sonhador e propõe-se com facilidade objetivos nobres e elevados. No entanto, do ponto de vista da ação, ele se inclina à pusilanimidade. Deve aprender a ser audaz, com o objetivo de vencer seu pessimismo e seu receio quanto ao futuro.

HUMILDADE
Conhecimento próprio +
- Tem consciência de seus talentos.
- Tem consciência de que seus talentos são dons.

Serviço -
- Tende a ficar absorto em si mesmo.

O melancólico costuma possuir um bom nível de autoconhecimento. Tem consciência de seus talentos e agrada-lhe pensar que eles não lhe são próprios, mas, sim, um dom de Deus. Por outro lado, tem dificuldades em servir aos outros, permanecendo absorto em si mesmo. Caso se esforce por praticar as virtudes de comunhão interpessoal (a empatia, a amizade, a alegria), conseguirá sair de si: tornar-se-á, assim, um excelente educador.

5.
O sanguíneo: seu desafio pessoal

O sanguíneo é espontâneo: vive dos seus relacionamentos com as PESSOAS.

PONTOS FORTES
- Gosta das pessoas e deseja fazê-las felizes.
- É amigável, compassivo, comunicativo.
- É empreendedor, tem gosto pela aventura.
- Está sempre com os sentidos externos despertos: repara em todos os pormenores.

PONTOS FRACOS
- Tem dificuldade em controlar os sentidos externos (audição, visão, olfato, paladar, tato).
- O divertimento é um aspecto muito importante de sua motivação.
- Tende à superficialidade e à instabilidade.
- É atraído pela novidade.
- Gosta de agradar e ser apreciado por todos.

PRUDÊNCIA
Deliberação -
- Tende à superficialidade.
- Tende a subestimar as dificuldades.

Decisão +
- Gosta da aventura.

O sanguíneo gosta de tomar decisões pelo gosto da aventura. Contudo, no processo de deliberação, deve esforçar-se por vencer a superficialidade que constantemente o ameaça («Acredite, vai dar certo!», afirma sem pensar muito no assunto). Ele precisa enfrentar a realidade.

CORAGEM
Audácia +
Tem gosto pela aventura.

Persistência -
- Tende à superficialidade e à frivolidade.
- É instável em suas emoções e ideias.
- Gosta de começar as coisas, mas esquece-se facilmente de terminá-las.
- Não se sente confortável em conflitos.
- Gosta de agradar e de ser apreciado por todos.

O sanguíneo tem facilidade em ser audaz – aliás, chega a aborrecer-se na ausência de novidades, de intrigas, de divertimentos. No entanto, é inconstante em seus sentimentos, pensamentos e trabalhos. Seu entusiasmo direciona-se para uma coisa nova a cada dia. O sanguíneo deve praticar a persistência, a estabilidade, a fidelidade e a paciência. Deve esforçar-se por colocar a última pedra em cada projeto que inicia.

O sanguíneo necessita sobretudo de persistência

Thomas More, humanista inglês e grande chanceler do rei Henrique VIII, tinha temperamento sanguíneo. Era sorridente, bem-humorado e comunicativo, bem como profundo, constante e fiel. Recusou-se a reconhecer Henrique VIII como líder autoproclamado de uma igreja por ele inventada. Apesar de todas as crueldades que sofreu quando, durante os 15 meses que precederam sua decapitação, ficou preso na Torre de Londres, e apesar da oposição de seu rei, dos bispos de Inglaterra, de seus amigos e de sua família (incluindo sua amada filha Margaret), Thomas More manteve-se firme em suas convicções: pela integridade de sua consciência, sacrificou tudo e a tudo resistiu. Thomas More foi um sanguíneo que pôs a persistência em prática.

AUTODOMÍNIO
Submeter as paixões vis -
- Tem dificuldade em controlar seus cinco sentidos externos (audição, visão, olfato, paladar, tato).

Estimular as paixões nobres +
- É afável e generoso.

Se o colérico e o melancólico devem reprimir seus sentidos internos, o sanguíneo precisa aprender a controlar os sentidos externos, uma vez que gosta de viver de sensações. A ele é necessário mortificar sobretudo a vista, uma vez que tende a sentir-se atraído, como uma mariposa, por tudo o que brilha. Gosta de luxo, de vestir-se bem, de carros esportivos. Enquanto o colérico vive do futuro e o melancólico, do passado, o sanguíneo vive do presente.

Davi, segundo rei do povo judeu, era sanguíneo. Tinha dificuldade em controlar seus sentidos externos. Cometeu adultério e um homicídio. No entanto, arrependeu-se sinceramente deste duplo crime e tornou-se exemplo de liderança. Mereceu ser a única pessoa de quem Deus disse ser «um homem segundo o meu coração».

JUSTIÇA

Comunhão +
- É simpático, comunicativo e compassivo.
- Tem bom espírito de equipe.

Bem comum -
- Tende à instabilidade no que empreende.

O sanguíneo é naturalmente sociável e aberto aos outros. Pratica facilmente as virtudes da comunhão interpessoal. Contudo, para construir o bem comum, deve vencer sua instabilidade, deve pôr em prática as virtudes da persistência e da fidelidade.

MAGNANIMIDADE
Contemplação -
- Tende à superficialidade em suas reflexões.

Ação +
- Tem gosto pela aventura.

Ação -
- Tende à instabilidade em suas ações.

Para pôr em prática a magnanimidade, o sanguíneo deve vencer a superficialidade e a instabilidade.

HUMILDADE
Conhecimento próprio -
- Tende a conhecer melhor os outros do que a si mesmo.

Serviço +
- Tem permanente disposição a servir.

Serviço -
- Tende à instabilidade no serviço.

O sanguíneo está sempre pronto a servir. No entanto, para servir verdadeira e eficazmente, deve pôr em prática a persistência, a estabilidade e a fidelidade.

6.
O fleumático: seu desafio pessoal

O fleumático é moderado: procura, antes de mais nada, a PAZ.

Pontos fortes
- Possui uma visão científica e objetiva da realidade.
- Sabe ouvir, é empático.
- Tem um sentimento profundo do dever e da cooperação.
- Goza de uma vontade de ferro e quase sempre dissimulada, sendo constante e perseverante.
- Não perde a calma com facilidade.

Pontos fracos
- Vai ao sabor da corrente: gosta do *status quo*.
- Evita conflitos a todo custo.
- Receia enganar-se.
- Sente-se facilmente ultrapassado.

PRUDÊNCIA

Deliberação +
- É equilibrado e repleto de bom senso.
- Sua visão da realidade é científica e objetiva.

Decisão -
- Tem pavor de se enganar.

O fleumático tem muito bom senso, o que lhe permite deliberar eficazmente. No entanto, sente dificuldade em decidir porque teme se enganar. Ele precisa colocar em prática a audácia, uma vez que a essência da virtude da prudência não é a deliberação, mas a decisão. Prudência não é inação cautelosa, e sim ação sensata.

Robert Schuman, político que esteve nas origens da União Europeia, era fleumático. Provocava sonolência aos seus ouvintes. Dir-se-ia ser um notário de província, ou mesmo alguém que já nasceu velho. Preferia passar despercebido. Seu carisma não provinha de um possível magnetismo – que ele não possuía de fato –, mas de sua magnanimidade, isto é, de sua visão profundamente moral da Europa e de sua audácia. «A Europa não deve deixar passar o destino que lhe cabe», repetia. O fleumático Schuman não deixou passar a ocasião de agir: em poucos dias, criou a Comunidade Europeia do Carvão e do Aço (CECA). «A poderosa e audaz iniciativa de Robert Schuman foi um ato de sumo significado. Graças à sua prudência e a seus valores, construiu os alicerces para a reconciliação de nossos países e para a construção de uma Europa unida e forte», salientou o chanceler alemão Konrad Adenauer. O fleumático Robert Schuman foi alguém prudente porque aprendeu a ser audaz. Ainda que tímido por temperamento, tomou decisões arriscadas. E, após ter tomado uma decisão, nenhuma crítica, ataque ou ameaça era capaz de demovê-lo. (Schuman faleceu em 1963. Seria, por isso, loucura atribuir-lhe responsabilidade pelo fato de a política da União Europeia ser, desde os anos 1980, uma rejeição totalitária dos princípios morais fundamentais que a humanidade reconhecia até recentemente.)

CORAGEM
Audácia -
- Tende à apatia.
- Agradam-lhe o *status quo*, a segurança e a rotina.
- Receia enganar-se.

Persistência +
- Possui uma vontade de ferro bem dissimulada.
- É paciente com pessoas e situações difíceis.
- É constante e perseverante.

A persistência não é um grande desafio para o fleumático, que possui uma vontade de ferro (não exteriorizada), é paciente nas situações difíceis, é constante e tem perseverança. No entanto, coragem não é apenas persistência, mas também audácia. E a audácia custa-

-lhe, uma vez que ele se sente confortável na rotina e no *status quo* e tem pavor de enganar-se.

Abraão, o primeiro patriarca do povo judeu e o primeiro profeta do monoteísmo, foi fleumático. Não contestou a decisão do seu sobrinho Ló de escolher o melhor prado para seu rebanho; não contrariou sua mulher Sara quando ela expulsou de sua casa a serva Agar e seu filho Ismael (o primeiro de Abraão), ainda que tenha ficado muito perturbado; não se zangou com Deus quando Ele lhe pediu o sacrifício de seu filho Isaac (único filho com sua mulher Sara)... Abraão era fleumático de temperamento, mas foi audacioso de caráter: por amor a Deus, abandonou o conforto de sua terra natal e partiu rumo ao desconhecido.

AUTODOMÍNIO
Submeter as paixões vis +
- Dificilmente se irrita.
- Mantém a calma em situações de tensão.
- Tem visão objetiva da realidade.

Estimular as paixões nobres -
- Tende à apatia.
- Tende a evitar a todo custo as situações de conflito.

O fleumático controla facilmente suas paixões, uma vez que são de intensidade limitada. Deve, todavia, estimular as paixões nobres e vencer seu receio quanto às situações de conflito. Ele precisa apreciar a tranquilidade (o que faz com facilidade), mas também deve estar pronto para sacrificá-la em prol de um valor mais elevado.

JUSTIÇA
Comunhão +
- É sensível, respeitoso, empático e compreensivo.

Bem comum +
- Tem um sentimento profundo do dever e coopera facilmente.

Bem comum -
- Tende à passividade.

O fleumático costuma ser justo, uma vez que possui um profundo sentimento do dever. Contudo, para construir o bem comum, deve aprender a vencer a sua apatia.

HUMILDADE
Conhecimento próprio -
- Subestima os próprios talentos.

Serviço +
- Agrada-lhe servir.

Serviço -
- Subestima os próprios talentos.

O fleumático gosta de prestar serviços, mas deve descobrir seus talentos e multiplicá-los a fim de que possa servir eficazmente.

MAGNANIMIDADE

Contemplação -
Vai sempre no sentido da corrente: compraz-se no *status quo*, conforma-se com as exigências de seus próximos.

Ação -
* Sente-se facilmente ultrapassado.
* Detesta o confronto.

A magnanimidade é um verdadeiro desafio para o fleumático. Ele deve aprender a sonhar, a desenvolver a consciência de sua dignidade pessoal, a descobrir e a afirmar os próprios talentos. Precisa desenvolver a capacidade de contemplação e a capacidade de ação.

O fleumático necessita sobretudo de magnanimidade

Jérôme Lejeune tinha um temperamento fleumático, como é frequente nos homens da ciência: a calma e a suavidade que o caracterizavam eram de natureza tanto biológica como espiritual. No entanto, ele soube fazer face ao ambiente que predominava na época. Falava da beleza e da dignidade de toda vida humana num período em que a moda era defender o «direito da mulher ao aborto». Nadou contra a corrente durante várias décadas. Foi um grande sonhador, mas também um grande homem de ação. O fleumático Jérôme tornou-se líder mundial do movimento em favor da vida: ainda hoje, é tido como o mais poderoso defensor das crianças ainda não nascidas. Lejeune foi um fleumático magnânimo.

Darwin Smith, diretor-geral da empresa americana Kimberly-Clark de 1971 a 1991, também era fleumático. No entanto, foi ele quem tomou a decisão, tanto magnânima como audaz, de vender todas as fábricas de papel couché – a principal fonte de lucros da empresa – e investir na fabricação de bens de consumo feitos de papel, entrando assim em concorrência direta com os líderes do mercado: a Procter & Gamble e a Scott Paper. Seu objetivo era desafiar seus colaboradores a se tornarem verdadeiros líderes. Os analistas de Wall Street e a mídia o ridicularizaram, na certeza de que ia fracassar. Smith, contudo, que como Sócrates tinha um elevado sentimento da própria dignidade e grandeza, não deu ouvidos à multidão. Sua magnânima decisão causou uma reviravolta na empresa e converteu a Kimberly-Clark em líder mundial na fabricação de bens de consumo em papel.

De temperamento fleumático foi também Tomás de Aquino, filósofo e teólogo mais brilhante da Idade Média. Ele era racional, lógico, metódico e preciso. Ao mesmo tempo, soube vencer as modas intelectuais de seu tempo. No século XIII, enquanto os teólogos procuravam eliminar a filosofia da religião, Tomás nadou contra a corrente e insistiu na importância da razão na religião. Esse foi um dos maiores acontecimentos da história do pensamento cristão. Além disso, a influência de Tomás no desenvolvimento da cultura europeia também não pode ser subestimada. Tomás é um maravilhoso exemplo de alguém que foi fleumático e magnânimo.

7.
Desenvolva a virtude que constitui seu principal desafio

O colérico precisa de humildade; o melancólico, de audácia; o sanguíneo, de persistência; e o fleumático, de magnanimidade.

Seguem-se alguns conselhos práticos para que estas quatro virtudes sejam desenvolvidas. Trata-se de conselhos dirigidos a todos, uma vez que todos somos chamados a fortalecer nossas virtudes, mesmo aquelas que não constituem para nós um desafio tão grande.

Desenvolva a audácia

- Ao longo deste ano, tome algumas decisões audazes na vida profissional, social, espiritual e familiar.
- Não demore a executá-las.

- Partilhe com o mundo inteiro o que há em seu interior.
- Saia de seu espaço e vá ao encontro dos outros. Viaje.
- Traduza seu sonho em missão e recorde diariamente essa missão.

Desenvolva a persistência

- Viva heroicamente cada momento do dia.
- Termine sua tarefa do momento (com cuidado nos pormenores e sem perder tempo) independentemente das dificuldades, sejam reais ou imaginárias.
- Encare com bom humor o que os outros dizem de você.
- Faça primeiro o que é importante, deixando o que é agradável para depois.
- Corrija seus colaboradores (caridosamente), ainda que custe.
- Seja amigável com os que lhe são menos agradáveis.
- Sorria mesmo quando isso é a última coisa que tem vontade de fazer.
- Encare com bom humor as pequenas e grandes contrariedades.
- Brinque com os filhos mesmo que esteja morto de cansaço.
- Coma o que é servido, sem caprichos.

Desenvolva a magnanimidade

• Ao longo deste ano, identifique algumas pessoas magnânimas com quem gostaria de conviver. Procure sua companhia, observe-as, estude-as e tente imitá-las.

• Crie à sua volta um contexto magnânimo. Seu contexto são os livros que lê, os filmes que vê e a música que ouve, bem como a internet que utiliza, com tudo o que tem de grandioso e de miserável. Seja seletivo, rejeite tudo o que seja moralmente duvidoso e preencha o coração e a inteligência com coisas nobres e belas.

• Estabeleça um plano cotidiano de crescimento espiritual e cultural, com um tempo específico para a meditação ou a contemplação, a leitura, o esporte, etc.

• Aprenda a contemplar o belo, a maravilhar-se com ele e a dar-lhe uma resposta adequada.

• Conceda tempo à imaginação. Trabalhe-a, robusteça-a e leve-a a dar o máximo de si.

• Procure o que há de grandioso no cotidiano, no cumprimento das obrigações profissionais, familiares e sociais. Utilize seu talento para ajudar os outros a crescer. Se seu trabalho profissional é o de dona de casa, prepare as refeições com profissionalismo e delicadeza. Por meio de seu talento, que reflete sua grandeza, confira aos outros – marido, filhos e amigos – o sentido da dignidade pessoal e encoraje-os a darem o melhor de si mesmos. Ao cozinhar, contribua para elevar não só fisicamente, mas também espiritualmente, aqueles a quem serve. Recorde-se de que muitas das histórias contadas na cozinha são mais edificantes, do ponto de vista da liderança, do que as histórias mais fascinantes do mundo político, militar ou empresarial.

- Não se compare a ninguém. As pessoas são todas radicalmente iguais no que diz respeito à dignidade, mas em relação aos talentos elas são radicalmente diferentes. Muitos poderiam operar milagres, mas em vez disso não saem do trivial porque sua única referência é o que a maioria faz.
- Não desperdice nenhuma ocasião de agir. Perder uma oportunidade, não atuar por medo ou preguiça, é o que mais faz sofrer um espírito magnânimo. Para ele, o mal não está no mal que os outros fazem, mas no bem que ele, pessoalmente, omitiu.
- Não escolha aduladores como seus colaboradores mais próximos, e sim gente que o leve a questionar-se seriamente.
- Lembre-se: lutar contra seus pontos fracos é importante, mas desenvolver seus pontos fortes o é ainda mais.
- Descubra qual é sua missão, exprima-a em algumas palavras e a execute.
- Não se esqueça: o cumprimento da missão pessoal deve ser seu principal critério de decisão.

- Concentre-se habitualmente no cumprimento de sua missão. Não se disperse em várias direções.
- Desenvolva o sentimento de missão nos mais próximos.
- Caso trabalhe numa empresa comercial ou numa associação, levante a questão: «Ao cumprir a missão de minha empresa, em que medida cumpro minha missão pessoal?» Se não conseguir responder a esta pergunta, deveria abandonar essa instituição.

Desenvolva a humildade

- Lembre-se: a humildade não é a virtude dos fracos, mas dos fortes, daqueles que não precisam tratar os outros asperamente para se sentirem importantes.
- Lembre-se: para ajudar os outros a crescer você deve, antes de tudo, amá-los. Só o amor é capaz de descobrir a essência da personalidade de um ser humano, discernir seus talentos e levá-lo a alcançar seu potencial.
- Puxe mais do que empurre, ensine mais do que comande, inspire mais do que corrija. Ajude os que estão à sua volta a tomarem consciência da própria dignidade, de sua liberdade pessoal e de sua responsabilidade. Ajude-os a descobrir os próprios talentos, a multiplicá-los e a colocá-los ao serviço da comunidade.
- Delegue o poder mas não por falta de tempo

(«Não posso ser eu a fazer tudo!»). Faça-o, antes, por princípio, isto é, porque deseja que seus colaboradores cresçam (cresce-se rapidamente no exercício do poder).

• Encoraje seus colaboradores a expressarem suas opiniões, mesmo as divergentes.

• Prepare sua sucessão. Não se torne insubstituível. Partilhe informação. Crie condições para que outros possam terminar o trabalho que você começou.

8.
Descubra sua missão

Descobrir a própria missão, exprimi-la em algumas palavras e cumpri-la todos os dias: eis um aspecto muito importante da magnanimidade.

Um apelo à ação

Missão e vocação não são a mesma coisa. A vocação é um chamado a ser, pensar e agir de uma *forma particular*, enquanto a missão é um apelo a fazer *algo específico*. A vocação é sempre um chamado de Deus, ao passo que a missão costuma ser fruto de considerações humanas – ainda que existam missões diretamente inspiradas por Deus (como no caso de Moisés, Joana d'Arc, Madre Teresa, etc.).

Nossa vocação forma o enquadramento, o contexto no qual descobrimos e realizamos nossa missão, que é a contribuição específica que damos ao bem comum. Sem vocação, a liderança esvazia-se de sentido; sem missão, de conteúdo. Muitos são os que têm consciência clara de sua vocação, mas encontram dificuldades em descobrir a missão que possuem, uma vez que carecem de consciência dos próprios talentos ou não exercem o bastante a imaginação. Por outro lado, também são muitos os que, embora tenham consciência de sua missão, não o têm da vocação porque carecem de um sentido religioso suficientemente desenvolvido.

Para descobrir sua missão, você deve levantar duas questões:

1. Quem eu sou, isto é, qual é minha história e qual é meu talento?

2. Qual é o desafio cultural ou social a que me sinto chamado a responder de maneira apaixonada e determinada?

O conhecimento de si e o conhecimento do mundo em que vivemos constituem a informação de base de que necessitamos para descobrir nossa missão.

Sua história

Para responder à pergunta «Quem eu sou?», é necessário que você conheça bem sua história e a contemple. Sua missão não está separada de sua história. É sua história que a definirá, e não seus caprichos. Descubra o sentido do seu passado. Você tem uma história para contar. Contemple sua vida e seu destino e encontre palavras para expressá-los.

Você é um homem ou uma mulher com uma história e uma memória, mas sua história não é apenas «sua». É também a história das pessoas que, graças a uma enorme influência, vivem de algum modo em seu interior. Você não é uma mônada fechada em si mesma e que se compraz em sua autossuficiência. Você não está sozinho e não é apenas «você mesmo».

Sua história não é uma limitação, mas uma força. É uma luz que lhe permite interpretar a realidade com profundidade e originalidade, uma rocha que lhe dá a energia e a segurança de que precisa para tomar decisões magnânimas. «Quem sou eu? De onde venho?». Uma pessoa capaz de responder a estas perguntas com precisão não tem receios. Ela sente a presença amável e consoladora daqueles que nela habitam.

FALE:
- Sobre as pessoas que o marcaram profunda e indelevelmente.
- Sobre os livros, os filmes e as músicas que o levam a saltar as barreiras de seu ser e lhe dão sede de agir e de empreender.
- Do seu país, de sua grandeza e suas misérias.

- Das ideias pelas quais se sacrifica.
- Dos acontecimentos-chave de sua existência.

Sua história deve ser dramática, poética, simbólica e curta. *Dramática*, de tal forma que se possa descobrir nela seu tema principal; *poética*, a fim de que se entreveja a grandeza das coisas pequenas que a compõem; *simbólica*, para que seja possível retê-la e não a esquecer; e *curta*, para que se concentre no essencial.

«Há um sentido místico em numerosas vidas», escreve o poeta russo Viacheslav Ivanov. «Poucos, porém, são os que o compreendem corretamente. Esse sentido nos é frequentemente comunicado de forma codificada, e nós, incapazes de o decifrar, desesperamos ao ver a que ponto nossa vida está desprovida de sentido. O sucesso das grandes vidas geralmente reside na capacidade de decifrar o código que nos foi enviado, de compreendê-lo e de aprender a caminhar pelo caminho certo».

Seu talento

Sua missão é sua história e também seu talento. «Qual é meu ponto forte?». É difícil conhecer seu talento antes dos trinta anos. Faz-se necessário algum retorno de nossas ações: dos pais, dos amigos, dos professores...

Você não deve se esquecer que seu temperamento é também um talento:

- Se é *melancólico*, tem o talento de enfrentar o *status quo* intelectual do ambiente e forjar novas ideias.
- Se é *colérico*, tem o talento de iniciar um projeto importante para o bem da humanidade com base nessas novas ideias.
- Se é *sanguíneo*, tem o talento de reunir muitas pessoas em torno desse projeto.
- Se é *fleumático*, tem o talento de contribuir para esse projeto com uma dose importante de racionalidade, para que ele seja viável a longo prazo.

Formule sua missão

Sua missão deve ser formulada de tal forma que ponha claramente em evidência o desafio de ordem cultural ou social a que você, com paixão e determinação, se propõe responder por meio de suas ações.

Além disso, sua missão deve ser ao mesmo tempo abrangente e precisa. Abrangente, para que possa ser cumprida de várias formas; e precisa, para que venha facilmente e sempre à memória. Eis três missões cuja formulação provavelmente está perfeita:

«Gostaria de ser a memória... A memória de um povo vítima de uma tragédia indizível.» (Alexander Soljenítsin)

«Defender a verdade científica e a grande verdade moral consequente: essa é a minha missão.» (Jérôme Lejeune)

«Gostaria de ser uma mãe para os mais pobres dos pobres da Terra.» (Madre Teresa de Calcutá)

Aqui, as palavras-chave são «mãe», «memória» e «verdade». Trata-se de palavras inesquecíveis, dotadas de um conteúdo existencial preciso; são, ademais, palavras que levam à ação. Ao mesmo tempo, é possível ser mãe todos os dias, ser memória todos os dias e todos os dias defender uma verdade científica com consequências morais gigantescas.

Minha missão, eu a descobri tarde – aos quarenta anos, quando comecei a lecionar sobre liderança virtuosa: «Despertar nos corações a chama da grandeza e transformar essa chama numa disposição radical do espírito e da vontade». Contei a história desta missão no livro *Meu caminho russo*. Eu observava grandeza nos meus pais, nos meus avós, nos meus amigos, nos meus professores... Ao mesmo tempo, via um oceano de pusilanimidade efervescer no mundo. Notava, estupefato, o surgimento de novas criaturas, aquelas do «admirável mundo novo» de Aldous Huxley: seres sem passado, sem família, sem nação, sem Deus e sem natureza. Via os «homens sem peito» de C. S. Lewis e os «sem coração» de Jacques Brel. Essa visão aterrorizava-me, e tomei a decisão de agir. Minha missão – despertar nos corações a chama da grandeza – tornou-se minha resposta pessoal a essa catástrofe antropológica. Essa missão pessoal tornou-se a missão do Virtuous Leadership Institute.

9.
Os fundamentos e a essência da liderança

A magnanimidade e a humildade fraterna são a *essência* da liderança. Estas duas virtudes específicas do líder apoiam-se em quatro virtudes de base, as quais formam os *fundamentos* da liderança: a prudência, a coragem, o autodomínio e a justiça.

A magnanimidade e a humildade fraterna: essência da liderança

A *magnanimidade* é o hábito de aspirar às coisas grandes. O líder é magnânimo na visão que tem de si mesmo, em seus sonhos, em sua missão, em sua vontade de crescer pessoalmente e em sua capacidade de elevar e inspirar os que estão à sua volta.

A *humildade fraterna* é o hábito de servir aos outros. Praticar a humildade é puxar em vez de empurrar, inspirar em vez de comandar, ensinar em vez de controlar. Mais do que exercer seu poder sobre as outras pessoas, o líder dá a elas a capacidade de se responsabilizarem e crescerem. Praticar a humildade é possibilitar que nossos dirigidos se realizem e atinjam a grandeza.

A prudência, a coragem, o autodomínio e a justiça: fundamentos da liderança

A *prudência* é o hábito de tomar boas decisões.

A *coragem* é o hábito de arriscar, de manter o rumo e de resistir a todo tipo de pressões.

O *autodomínio* é o hábito de subjugar as paixões ao espírito e de canalizar sua energia vital para o cumprimento de nossa missão.

A *justiça* é o hábito de dar a cada um o que lhe é devido e de se comunicar eficazmente.

As virtudes específicas do líder apoiam-se nas virtudes de base

Sem o exercício das quatro virtudes de base, a liderança desmorona.

Magnanimidade sem prudência? Para se tornar magnânimo, é necessário primeiro possuir a virtude da prudência, a virtude da sabedoria prática. A prudência é a guia de todas as virtudes, uma vez que nos indica qual o comportamento virtuoso a ser adotado em cada situação. Aquele que não é prudente é incapaz de distinguir uma conduta magnânima de uma conduta orgulhosa ou megalomaníaca. Dom Quixote, o personagem de Cervantes, não é magnânimo: é louco.

Humildade fraterna sem prudência? O louco é um mau servidor.

Magnanimidade sem coragem? Sem audácia, é impossível realizar coisas grandes. Hamlet, o personagem de Shakespeare, é pusilânime porque é covarde.

Humildade fraterna sem coragem? Sem persistência, somos instáveis, incapazes de servir eficazmente.

Magnanimidade sem autodomínio? A intemperança esvazia o coração de magnanimidade. Obcecado pelo seu poder, bens e prazeres, o intemperante perde o sentido da grandeza e da missão. Ele concebe a vida como acúmulo de sensações. Seu coração começa a se atrofiar. Dorian Gray, de Oscar Wilde, é pusilânime porque é libertino.

Humildade fraterna sem autodomínio? A intemperança esvazia o coração de humildade. Obcecado pelo seu poder, bens e prazeres, o intemperado perde o sentido do serviço.

Magnanimidade sem justiça? A magnanimidade do injusto é uma mentira. O comunista Vladimir Lenin, a eugenista Margaret Sanger e o nacional-socialista Adolf Hitler (cada um responsável pela morte de milhões de pessoas inocentes) não são magnânimos: são almas feridas no fundo do seu ser e manipuladas por forças diabólicas de inaudita violência.

Humildade fraterna sem justiça? Aquele que é fundamentalmente injusto não nutre o desejo de servir.

10.
O conhecimento próprio

Se a prudência, a coragem, o autodomínio e a justiça constituem os fundamentos da liderança, a humildade fundamental (o conhecimento de si) é o *fundamento dos fundamentos* da liderança.

A humildade fundamental é a consciência, por um lado, de nossas limitações e de nossas fraquezas e, por outro, de nossa dignidade e de nossos talentos. Somos fundamentalmente humildes se aceitarmos estas verdades e se permitirmos que elas embebam a nossa existência.

A humildade fundamental baseia-se em quatro elementos.

A humildade metafísica

Praticar a humildade implica, primeiro, em reconhecer nossa condição de criaturas. Não somos deuses, mas seres criados. Sem Deus, não somos nada, não existimos. Deus cria a partir do nada e conserva as criaturas no ser. A verdade de que Deus existe e conserva no ser tudo o que criou é uma verdade *metafísica*. A metafísica interessa-se pelas origens do ser. Quem é humilde tem o olhar fixo em Deus, que é a fonte inesgotável de seu ser. A humildade metafísica é o aspecto mais profundo da humildade.

A humildade metafísica leva-nos a praticar a humildade fraterna porque nos faz descobrir a presença de Deus no outro (pelo dom ininterrupto do ser, Deus torna-se presente em cada uma de suas criaturas).

A humildade ontológica

Praticar a humildade é também tomar consciência da própria dignidade. Os seres humanos, à semelhança de Deus, são seres pessoais. Possuem um espírito que lhes confere racionalidade, liberdade e imortalidade. Esta verdade é de ordem *ontológica*. A ontologia interessa-se pelo ser enquanto ser. Uma pessoa humilde sabe que sua dignidade é um dom de Deus, um dom original, essencial e inalienável. (O cristianismo afirma que os homens convertem-se em filhos e filhas de Deus pela fé em Jesus Cristo. É difícil conceber outra dignidade ontológica tão elevada quanto esta. No entanto, esta verdade é de ordem teológica, e não filosófica: não é a razão natural que no-la comunica, mas a fé em Jesus Cristo).

A humildade ontológica leva-nos a exercer a humildade fraterna porque nos faz descobrir no outro uma *pessoa*, ou seja, a imagem de Deus.

A humildade espiritual

Praticar a humildade passa também por reconhecer nossa miséria *espiritual*, sobretudo «aquele algo que combate contra a razão e que lhe resiste», como o constata Aristóteles. (A tradição judaico-cristã interpreta esta desordem espiritual – esta tendência tripla para o orgulho, a riqueza material e os prazeres da carne – como o resultado de uma catástrofe antropológica: o pecado original. Ainda que o relato bíblico da queda do homem e suas consequências apenas faça sentido para os que respeitam a Bíblia, a desordem a que está sujeita a natureza humana é fato incontestável: o «bom selvagem» de Rousseau não passa de mito).

A humildade espiritual permite-nos praticar a humildade fraterna: somente aquele que reconhece suas fraquezas pode aprimorar-se para servir eficazmente aos outros.

A humildade psicológica

Praticar a humildade exige também que tomemos consciência de nossos talentos. Muitos são os que, por razões *psicológicas*, nunca pensam nos próprios talentos e nunca os mencionam (têm medo de ir contra a modéstia). De fato, nós deveríamos ser capazes de falar sobre os nossos talentos com naturalidade e sem vaidades. Quem é verdadeiramente humilde não receia mencionar os próprios talentos, uma vez que suas intenções são retas: ele não procura o aplauso ou o reconhecimento, mas só deseja servir o melhor possível.

A humildade psicológica permite-nos praticar a humildade fraterna: só aquele que tem consciência de seus talentos pode utilizá-los e desenvolvê-los a fim de servir aos outros com magnanimidade.

A humildade fundamental (o conhecimento de si) é o fundamento da humildade fraterna (serviço). No entanto, é também o fundamento da prudência. A informação que a humildade fundamental nos transmite (sobre a própria dignidade, sobre nossos pontos fortes e fracos) é necessária para que a prudência (o hábito de tomar boas decisões) seja exercida. Sem a humildade fundamental não poderemos tomar boas decisões porque não saberemos sequer quem somos. O conhecimento de si, como dizia Sócrates, é o início de toda a sabedoria e de toda atividade humana, seja ela teórica ou prática.

11.
Um coração ativo

Aquele que pratica a humildade fundamental e as quatro virtudes de base (a prudência, a coragem, o autodomínio e a justiça) é uma *pessoa íntegra*.

O íntegro conhece a verdade sobre si mesmo e vive nessa verdade. Está atento à realidade exterior e a respeita. Assume riscos quando necessário. Mantém o rumo, mesmo sob pressão. Diz «sim» ao que o enobrece e «não» ao que o avilta. É empático. Cumpre com esmero suas obrigações profissionais, sociais e familiares.

Essa integridade constitui um passo decisivo para a liderança. Todavia, outros passos devem ser dados também. Uma pessoa íntegra será líder se praticar igualmente as virtudes da magnanimidade e da humildade fraterna. Sem integridade não há liderança, mas a liderança vai mais longe. Muitas são as pessoas íntegras, mas que ainda estão longe dela.

Sem um coração contemplativo (humildade fundamental), uma inteligência esclarecida (prudência) e uma vontade forte (coragem, autodomínio e justiça), a liderança inexiste. No entanto, é preciso algo além: um *coração ativo*.

Um coração ativo é aquele que transforma a contemplação em ação para servir com eficácia. O líder é necessariamente profundo, mas para ele a profundidade não basta: é preciso jorrar para o exterior. O conhecimento de si não leva o líder à autossatisfação nem à autoflagelação, mas a sair de si para servir aos outros.

O líder é íntegro. Todavia, a integridade não é sua característica essencial. Seus traços específicos são a grandeza e o serviço.

12.
Por que servir?

O conhecimento de si requer um conhecimento geral do ser humano: sua posição como ser criado, sua condição de pecador, sua dignidade transcendente. Requer, ainda, um conhecimento particular: o de nosso temperamento, de nosso caráter, de nosso talento, de nossa missão, assim como da motivação, que é algo específico de cada um.

Por que servir? Uma vez que a liderança é um serviço, essa pergunta é incontornável para o líder.

O falso altruísmo

Normalmente, quando servimos, sentimo-nos bem porque fazemos o que nossa consciência nos indica. «Sentir-se bem» não é o objetivo que procuramos, mas uma consequência de nossa disposição ao serviço.

No entanto, há quem sirva para «sentir-se bem». O serviço, para essas pessoas, torna-se um meio: seu objetivo é o bem-estar pessoal.

Devemos analisar com frequência nossos objetivos. Se servimos para nos sentirmos bem, caímos num *sentimentalismo*, e não na liderança.

O altruísmo secularizado

O ser humano é um ser social por natureza, e não uma mónada fechada em si própria. O altruísmo decorre naturalmente da sociabilidade do homem. Infelizmente, a desordem espiritual provocada pelo pecado original gerou outra tendência também natural: aquela ao egoísmo.

Sem a fé num Deus que recompensa os homens na vida eterna pelo serviço que prestaram aos outros, torna-se mais difícil praticar o altruísmo. «Não se pode substituir a ausência de Deus pelo amor à humanidade, uma vez que a pergunta imediata se imporia: por que deverei amar a humanidade?», diz-nos Dostoiévski.

Para a maioria das pessoas, o altruísmo secularizado não é convincente. «Não há Deus, mas deves servir aos outros porque são seres humanos como tu»: elas não se conformam com essa resposta.

O altruísmo religioso

O ser humano é por natureza um ser religioso. Por sua experiência espiritual pessoal e pela contemplação da natureza, descobre Deus em si mesmo e fora de si. Ele compreende que a alma humana é espiritual e imortal. Capta a dignidade transcendente de cada um e sua vocação à felicidade eterna e absoluta. Percebe a beleza que há no homem e decide servir-lhe.

O sentimento religioso é um pilar para o altruísmo.

O altruísmo cristão

O cristianismo é uma religião revelada que assimila todos os elementos da religiosidade natural, sem excluí-los. O cristianismo exorta os homens a fazerem de sua existência um serviço.

O Filho do Homem veio, não para ser servido, mas para servir (Mt 20, 28). *Não seja assim entre vós. Todo aquele que quiser tornar-se grande entre vós, se faça vosso servo* (Mt 20, 26). *Todas as vezes que fizestes isso a um destes meus irmãos mais pequeninos, foi a mim mesmo que o fizestes* (Mt 25, 40)... Estas palavras são de Cristo, o fundador do cristianismo.

O cristão serve porque vê Jesus Cristo em cada ser humano.

A religião cristã constitui a base mais sólida que pode existir para o altruísmo.

13.
A espiral de crescimento

Para nos desenvolvermos, devemos trabalhar no nível de nosso coração, de nossa razão e de nossa vontade. Precisamos alargar nosso coração (pelo exercício da humildade e da magnanimidade), iluminar nossa razão (pelo exercício da prudência) e fortalecer nossa vontade (pelo exercício da coragem, do autodomínio e da justiça).

A razão, a vontade e o coração são elementos inseparáveis de nossa personalidade. Nenhum deles pode ser isolado sem causar grandes danos ao conjunto. Há três tendências que defendem essa separação: a dos racionalistas, que isolam e elevam acima de tudo a razão; a dos voluntaristas, que o fazem com a vontade; e a dos sentimentalistas, que elevam o coração. Desse modo, a razão, a vontade e o coração são corrompidos.

Não podemos praticar as virtudes do coração (a humildade e a magnanimidade) nem as virtudes da vontade (a coragem, o autodomínio e a justiça) sem a virtude da razão (a prudência). Só um homem prudente é capaz de distinguir a audácia da temeridade; a persistência do servilismo; o autodomínio da insensibilidade; a justiça da severidade; a magnanimidade do orgulho; e a humildade da pusilanimidade.

A virtude não é um meio-termo entre um «defeito» e um «excesso» de bem. Não podemos ser *demasiado* audaciosos ou *demasiado* perseverantes. A temeridade não é um excesso de audácia, mas uma falsa audácia. O servilismo não é um excesso de persistência, mas uma falsa persistência. A severidade não é um excesso de justiça, mas uma falsa justiça. O orgulho não é um excesso de magnanimidade, mas uma falsa magnanimidade. A pusilanimidade não é um excesso de humildade, mas uma falsa humildade.

Aquele que é prudente compreende em cada situação onde está a verdade e onde está a mentira. O imprudente não o faz.

Se as virtudes do coração e da vontade não se podem desenvolver sem a prudência, o inverso também se aplica: a prudência não se pode desenvolver sem as virtudes do coração e da vontade. Com efeito, nossa razão (a prudência) entrevê a realidade através de um prisma moldado pelas virtudes do coração e da vontade. O orgulhoso considera verdadeiro o que é lisonjeiro para seu orgulho; o intemperante, o que lhe confere poder, dinheiro, prazer; o pusilânime, o que justifica sua pequenez.

Ao desenvolver a coragem, a justiça e o autodomínio (as virtudes da vontade), melhoramos nossa capacidade de percepção da realidade à luz da razão.

Todas as virtudes alimentam a prudência e, reciprocamente, alimentam-se dela. Não, porém, num círculo vicioso, mas numa espiral ascendente de crescimento.

14.
A magnanimidade e a humildade: um binômio inseparável

A magnanimidade e a humildade são duas virtudes inseparáveis. Magnanimidade sem humildade é orgulho, e humildade sem magnanimidade é pusilanimidade. É necessário um coração puro, uma vontade forte e uma razão esclarecida para não separar esse vínculo íntimo entre as duas virtudes.

A magnanimidade e a humildade andam de mãos dadas. Um aspecto importante da humildade é a consciência de nossa dignidade, de nosso talento e de nossa grandeza. E, quando falamos de magnanimidade, devemos afirmar que nossa dignidade, nosso talento e nossa grandeza são dons, e não fruto de nossa atividade.

Quanto mais consciência tivermos da nossa grandeza pessoal, mais deveremos reconhecer que ela é dom de Deus. Magnanimidade sem humildade não é magnanimidade, mas uma mentira cujas consequências, no plano pessoal, só poderão ser catastróficas.

A humildade reconhece no homem sua grandeza enquanto homem, mas vê primeiro que essa grandeza é dom de Deus. Ela reconhece no homem suas forças humanas, mas também nelas vê um dom divino. O gesto de humildade pelo qual o homem, na sua grandeza e nas suas forças, reconhece o dom de Deus não é uma negação de si, mas sua oferta e consagração.

Reconhecer o próprio talento é um ato de humildade porque nos aproxima da verdade a respeito de nós mesmos. Devemos ter a humildade de reconhecer nossos talentos. Ao reconhecê-los, somos gratos ao Deus que nos criou. Deixar de reconhecê-los não é humildade, mas ingratidão.

A modéstia não deve ser um obstáculo à humildade. A humildade é mais importante que a modéstia. «A humildade perfeita dispensa a modéstia», afirma C. S. Lewis; «Se Deus está satisfeito conosco, também nós devemos estar satisfeitos com nós mesmos».

Para compreendermos bem a relação entre magnanimidade e humildade, temos de contemplar estas duas virtudes na vida dos líderes. Consideremos o exemplo de Alexander Soljenítsin, escritor russo e Prêmio Nobel de Literatura.

Magnanimidade

- *Um notável sentido de missão.* Disse Soljenítsin: «Gostaria de ser a memória... A memória de um povo, vítima de uma tragédia indizível».

• *Uma esperança humana fora do comum.* «Este livro... posso continuar a escrevê-lo enquanto o pequeno bezerro não partir o pescoço contra o carvalho, isto se o carvalho não se partir, não tombar. Eventualidade pouco provável, mas que admito, no entanto» (*O carvalho e o bezerro,* 1971).

• *Um sentido aguçado de sua dignidade pessoal.* Soljenítsin possuía um elevado sentido da própria dignidade num momento em que o regime totalitário soviético desprezava toda e qualquer dignidade com uma brutalidade e uma amplitude sem precedentes. Foi o sentido da dignidade que lhe permitiu manter a calma, mesmo sob o peso das calúnias lançadas sobre si tanto pela crítica liberal como pela crítica comunista.

• *Uma grandeza inspiradora.* Os contemporâneos mais talentosos de Soljenítsin, cativados por ele enquanto escritor, não esconderam seu espanto quando puderam conhecê-lo pessoalmente. Ao que consta foi Anna Akhmátova, a poetisa russa, a primeira a entrever a magnanimidade de Soljenitsin: «Uma fonte de luz! Havíamos esquecido que pessoas assim ainda existiam... Um ser surpreendente... Um grande homem».

• *Uma grandeza que atemoriza.* «Ele estabeleceu o padrão», declarou Alexander Tvardovski, poeta e editor da revista *Noviy Mir*. «Conheço escritores que reconhecem seus méritos e seu valor, mas não o aceitam como pessoa porque ficam atemorizados: comparados com Soljenítsin, o verdadeiro valor deles salta à vista».

- *Uma grandeza que eleva.* «Soljenítsin é portador não de uma cultura, não de uma doutrina. Não, ele é portador da *própria* Rússia... Ao viver a seu lado (apenas dois dias), sentes-te pequeno, vítima do teu próprio bem-estar e das tuas preocupações e interesses inúteis... A grandeza de Soljenítsin: ele dá a amplitude, e depois de passar um dia com ele, começas a perceber todo o horror do triunfo da pequenez no mundo, da cegueira, dos preconceitos.» (Alexandre Schmemann, teólogo e decano do seminário São Vladimir de Nova Iorque)

- *Uma grandeza que triunfa.* «O que nos espantava acima de tudo», segundo Olga Sedakova, galardoada com o prêmio europeu de poesia: «um homem, só, face a um sistema, quase cósmico, de mentira, de erro, de crueldade e de destruição. Uma situação como esta só acontece uma vez a cada milênio. E, em cada frase, percebíamos de que lado estava a vitória. Uma vitória em nada pomposa, como aquelas que este regime conheceu, mas uma vitória pascal, aquela que faz o trâmite da morte para a vida. No *Arquipélago Gulag,* os homens transformados em pó dos campos ressuscitavam, um país ressuscitava, a verdade ressuscitava. Esta força da ressurreição capaz de causar a explosão do universo, ninguém a saberia transmitir tão bem. A ressurreição da verdade no homem –

e da verdade sobre o homem – quando isso era totalmente impossível».

Humildade

• *Conhecimento de si.* «Em guerra contra o regime comunista», confessou o próprio autor, «compreendi bem que não era eu quem lutava; ao conduzir um tal combate, eu era apenas um instrumento nas mãos de Alguém».

• *Conhecimento de si.* «Quanto a mim, aperceber-me, na minha própria vida, dessa mão que nos dirige, essa noção perfeitamente clara e que não depende de nós, tornou-se-me habitual desde os meus anos de prisão. Os desgostos da minha vida, nem sempre os conseguia compreender no próprio momento; muitas vezes, por fraqueza do corpo e do espírito, interpretava-os ao revés da sua dimensão verdadeira, do seu alcance longínquo. Mas, de súbito, invariavelmente, a compreensão autêntica dos acontecimentos passados surgia em mim e eu ali ficava, estarrecido, em silêncio. Ao longo da minha vida, fiz realmente muitas coisas contrárias ao objetivo principal que me tinha proposto, por não compreender qual a verdadeira via – e havia sempre algo que me fazia retificar. Era um hábito tão enraizado em mim, com o qual eu contava tanto, que só me restava uma coisa a fazer: compreender, o mais justa e rapidamente possível, todos os acontecimentos importantes da minha vida» (*O carvalho e o bezerro*, 1971).

- *Conhecimento de si*. «Soljenítsin está certo de sua missão», reconheceu Alexander Schmemann, «e esta certeza é precisamente o sinal de sua humildade».

- *Serviço*. «Não pertenço somente a mim, e o meu destino literário não é apenas meu, mas dos milhões de pessoas que não sobreviveram para poder contar a história» (*O carvalho e o bezerro*, 1971).

- *Serviço*. Também de Alexander Schmemann: «Eis alguém que carregou o fardo do serviço. Uma pessoa que se deu inteiramente».

- *Serviço*. «Em seguida vieram o exílio e, desde o seu início, o meu cancer. No outono de 1953, era quase evidente que só me restavam alguns meses de vida. Em dezembro, os médicos – meus camaradas de exílio – confirmaram que eu não viveria mais que três semanas. Tudo o que tinha aprendido e memorizado nos campos corria o risco de desaparecer. Foi um momento terrível na minha existência: a morte no limiar da minha libertação, a perda dos meus escritos, de tudo o que tinha dado sentido à minha vida até aquele momento. Tendo em conta a censura soviética, era impossível pedir ajuda: "Alguém venha, tome, salve os meus escritos!". Impossível recorrer a um estrangeiro. Até meus amigos estavam nos campos. Minha mãe? Tinha morrido. Minha mulher? Tinha casado outra vez. Chamei-a mesmo assim para me despedir: ela poderia aproveitar a ocasião e levar os manuscritos. Não veio.

Nessas últimas semanas de trégua prometidas pelos médicos, não pude ausentar-me ao trabalho na escola, mas ao serão e à noite, incapaz de dormir pelo desconforto das dores, apressava-me a recopiar minhas narrativas.

Escrevia com uma letra minúscula em bocados de papel, enrolava-os juntos para formar uns cilindros em miniatura escondidos numa garrafa de champanhe. Enterrei a garrafa no meu jardim e parti para Tashkent a fim de festejar a passagem do ano para 1954 e morrer.

No entanto, a morte não veio (apesar do meu tumor maligno, desesperadamente negligenciado), por milagre. Não vejo outra explicação. Desde então, esta vida já não me pertence, não é minha no sentido profundo do termo, mas está subordinada à minha missão» (*O carvalho e o bezerro,* 1971).

15.
A ética das virtudes

Existem dois grandes sistemas éticos: a ética das regras e a ética das virtudes.

No primeiro sistema, uma ação é *correta* ou *incorreta* na medida em que está ou não está de acordo com determinada regra. No segundo, ela é *boa* se nos aproxima da excelência humana e *má* se nos afasta dela.

A ética das virtudes não nega a validade das regras, mas insiste em que elas não podem constituir o fundamento último da ética. As regras devem estar a serviço da virtude. O objetivo de nossa existência não é respeitar regras ou leis, mas o crescimento pessoal, o aperfeiçoamento moral, a excelência humana. São as virtudes, e não as regras, que nos engrandecem.

Numerosas organizações, de todo tipo, possuem um código de conduta profissional. Esses códigos são apenas um ponto de partida, um estímulo à prática da virtude. Se os membros dessas organizações, porém, não exercerem a virtude, esses códigos serão apenas uma aparência que encobre a realidade e que vai corroendo a credibilidade da instituição.

A virtude possibilita a liberdade interior, a unidade de vida, a sabedoria prática, a criatividade e a maturidade cultural. A virtude é a única via para a realização de cada um.

Liberdade interior

Para as crianças, as regras são absolutamente necessárias: elas precisam saber de imediato e com precisão aquilo que é moralmente aceitável ou não. Assim que atingem a idade da compreensão racional, no entanto, devemos ensinar-lhes o «porquê» das regras, de modo a que compreendam sua relação com a natureza humana, com a excelência pessoal. Ao educarmos não somente sua vontade, mas também seu coração e sua inteligência, ajudamo-las a serem virtuosas e livres. Aquele que rejeita o mal não por ser proibido, mas por ser um mal, é verdadeiramente livre. Aquele que não calunia seus concorrentes não por não ser permitido por lei, mas porque todo o seu ser – o seu coração – sente uma profunda aversão à calúnia, é verdadeiramente livre. Ele é livre porque seu comportamento é determinado por suas virtudes (algo que possui) e não pela lei (que age desde o exterior).

Unidade de vida

Não são raros os que observam códigos estritos de conduta no trabalho, mas se desleixam lamentavelmente em sua vida privada ou familiar. Ao mesmo tempo, estão convictos da própria perfeição moral: afinal, respeitam o código de conduta da empresa e as regras éticas de sua profissão! A virtude, contudo, não tolera uma tal esquizofrenia. A virtude atua em tudo e sempre. Faz parte de nosso ser, de nossa intimidade mais profunda. Os que praticam a virtude atuam virtuosamente no trabalho, na família, com os amigos e no tempo livre, ou mesmo quando estão sozinhos. A virtude unifica o nosso comportamento, impede a farsa, impossibilita uma vida dupla.

Sabedoria

É impossível que as regras cubram toda a variedade de situações que deveremos enfrentar ao longo de nossa vida. A virtude da prudência é a que nos vai permitir ver a complexidade das situações e tomar decisões de acordo com essa percepção. Aquele que pratica a prudência fará sempre – ou quase sempre – a melhor escolha, mesmo quando a situação for totalmente nova.

Criatividade

Quem está obcecado por regras toma decisões, mas não delibera. Não estuda os problemas, não leva em consideração as circunstâncias particulares. Não tem qualquer criatividade. A ética fundamentada nas regras gera pessoas tacanhas, superficiais, sem imaginação. Os que praticam a virtude da prudência, por sua vez, são necessariamente criativos: para eles não existem soluções feitas. A prudência oferece uma vasta gama de possibilidades.

Maturidade cultural

Sem o exercício das virtudes, as regras morais de base (cf. os Dez Mandamentos) podem facilmente ser substituídas por uma ideologia, por uma espiritualidade esotérica, por *slogans* da moda. Aquele que exerce a virtude, pelo contrário, não se deixará levar facilmente pela pressão de *slogans* ideológicos ou comerciais. Ao interiorizar os princípios imutáveis da natureza humana, ele adquire uma solidez espiritual que o torna impermeável aos cantos de sereia da cultura de massas que despreza a dignidade do ser humano.

Plenitude

É a virtude que faz que o homem seja homem. A virtude é a potência última, o cume que o homem pode atingir por si mesmo. Um homem sem virtude é o protótipo do «não homem», segundo o significado do ideograma chinês e japonês que representa a negação e a mentira (a desintegração interior) justaposto ao ideograma que representa o homem.

Na madrugada do dia 25 para o dia 26 de setembro de 1983, o oficial soviético Stanislav Petrov (1939--2017) evitou o início de uma guerra nuclear. O tenente-coronel Petrov era o oficial do dia na base de alerta de Serpukhov-15, que ficava cem quilômetros ao sul de Moscou. Os sistemas automáticos de detecção avançada identificaram o envio de vários misseis balísticos intercontinentais a partir de uma base militar americana. Iúri Andropov, homem inflexível e já ao final de sua vida, era então quem liderava a URSS. Petrov não tinha dúvidas da represália devastadora que Andropov desencadearia imediatamente se recebesse a informação de um ataque americano (obcecado pelo receio de um ataque surpresa lançado pelo Ocidente, Andropov concebera a operação de espionagem RYAN). Petrov dispunha de alguns segundos para analisar a situação. Ainda que o sistema de detecção indicasse uma probabilidade de 100% de ataque, Petrov achou estranho o ataque partir apenas de uma base. Optou, assim, por não seguir o protocolo e não informar a hierarquia sobre o assalto. Ele desligou o sinal de alarme e pediu à sua equipe para reverificar os dados do sistema, decisão que o levaria ao tribunal militar. Verificou-se que Petrov estava certo: os sistemas óticos do satélite-espião tinham interpretado erradamente os reflexos do sol nas nuvens como tiros de mísseis. Petrov praticou a ética das virtudes: não executou o que lhe exigia o regulamento, mas o que lhe fora ditado por suas virtudes (o autodomínio, a prudência e a coragem).

Chesley Sullenberger era o comandante do voo US Airways 1549 no dia 15 de janeiro de 2009. Ao perder todos os reatores do avião, ele decidiu pousar no rio Hudson e salvou a vida de seus 150 passageiros. Tinha 59 anos. Era ex-piloto militar, especializado em segurança aérea e condutor de planador. Seu avião havia descolado do aeroporto de La Guardia, em Nova York, com direção à Carolina do Norte, mas logo após a decolagem algumas aves foram sugadas pelos dois reatores. De acordo com as instruções, o avião deveria regressar ao aeroporto. No entanto, após alguns segundos de reflexão, Sullenberger decidiu pousar no rio e informou os passageiros de sua decisão. Ele conseguiu reorientar o aparelho e amarar num tempo total de sete minutos desde a descolagem. Sullenberger praticou a ética das virtudes: não executou o exigido pelo regulamento, mas o que lhe ditaram suas virtudes (o autodomínio, a prudência e a coragem).

16.
A liderança virtuosa e a gestão

A liderança tem como principal objetivo fazer as pessoas progredirem. A gestão, por sua vez, consiste em fazer progredirem as coisas. Para isso, no entanto, é preciso que as pessoas progridam primeiro. Afinal, a longo prazo, são de fato as pessoas, e não a tecnologia ou as finanças, o aspecto mais importante da empresa.

Foi por sua liderança virtuosa que *François Michelin* (1955-1999) colocou o Grupo Michelin no primeiro lugar do segmento de pneus. Foi por sua liderança virtuosa que *Darwin Smith* (1971-1991) colocou a empresa Kimberly-Clark em primeiro lugar no mercado mundial de bens de consumo feitos de papel. Foi por sua liderança virtuosa que *Herb Kelleher* (1971-2008) fez da Southwest Airlines a primeira companhia aérea de baixo custo.

O futuro destas empresas dependerá, evidentemente, da vontade e da capacidade dos futuros diretores de seguirem o exemplo de seus predecessores.

Muitos não querem dar crédito às vantagens da liderança virtuosa. Dizem que «negócios são negócios», o que lhes serve de justificativa para sua perversão e para a brutalidade com que tratam seus colaboradores. Os verdadeiros gestores são sinceros consigo mesmos. Sabem que a liderança virtuosa não é um obstáculo para o negócio, mas antes o favorece.

17.
A liderança virtuosa e a educação

A criança é capaz de desenvolver a magnanimidade desde a mais tenra idade, tão logo faça a experiência da própria dignidade – quando se sente amada, respeitada, perdoada, orientada, encorajada e desafiada. A humildade fundamental, por sua vez, ela desenvolve quando aprende a dar graças a Deus por tudo o que recebe e a adorá-lO. Quando aprende a servir aos pais, aos avós, aos irmãos e irmãs, bem como a praticar a solidariedade com toda a família, ela cresce em humildade fraterna.

A destruição da instituição familiar tem como consequência imediata a morte da liderança. O homem que, na tenra infância, não experimenta sua dignidade própria e a solidariedade que o une aos membros dessa célula-base da sociedade que é a família, dificilmente pode imaginar o que é a grandeza e o que é o serviço – o que é, em suma, a liderança.

A criança deve ser educada para a grandeza, e não

apenas para a integridade. Assim que compreende a diferença entre o bem e o mal, ela deve aprender a diferenciar o que é grande e o que é pequeno. E a única «coisa grande» realmente digna desse nome é a edificação de sua personalidade para além dos limites impostos pelos *slogans* na moda ou pelas ideologias do momento.

18.
A liderança virtuosa e o sucesso

Nós praticamos a virtude para atingir a excelência e aumentar nossa eficácia. A palavra «virtude» significa perfeição no ser (*areté*, em grego) e força na ação (*virtus*, em latim). A virtude é algo que cultivamos para nos tornarmos melhores como seres humanos. E, quanto melhores nos tornarmos, mais eficazes seremos.

A virtude torna-nos eficazes porque nos confere um poder especial: o poder de tomar as decisões corretas, de arriscar, de manter o rumo, de direcionar nossas paixões e utilizar sua energia vital, de entrar em comunhão e nos comunicar eficazmente com os outros, de realizar coisas grandes e de servir os homens, engrandecendo-os.

A eficácia pessoal favorece o «sucesso» (profissional, familiar e social), mas não o garante. O sucesso depende de muitos fatores que não controlamos: da sorte, da saúde, do contexto ideológico e social... A virtude pode encher-nos de riqueza e glória (François Michelin, Herb Kelleher, Darwin Smith), mas também pode atrair sobre nós a pobreza e a calúnia (Jérôme Lejeune, Alexander Soljenítsin). Ela pode até mesmo conduzir-nos à morte (Thomas More, Joana d'Arc, Martin Luther King).

Não é o sucesso o que motiva o líder virtuoso. O que o líder virtuoso procura é, antes de mais nada, a plenitude da existência. Seu objetivo é a vida plena – sua e dos outros.

Na língua chinesa, o conceito de liderança virtuosa expressa-se pelos seguintes ideogramas:

美德领导力

O primeiro (Meï) representa a beleza; o segundo (Dè), a virtude; o terceiro e o quarto (Lingdao), o líder; o quinto (Li), a força. A liderança virtuosa é inseparável da beleza, do bem e da... força!

Direção geral
Renata Ferlin Sugai

Direção editorial
Hugo Langone

Produção editorial
Juliana Amato
Gabriela Haeitmann
Ronaldo Vasconcelos

Capa
Camila Lavôr

Diagramação
Sérgio Ramalho

ESTE LIVRO ACABOU DE SE IMPRIMIR
A 27 DE NOVEMBRO DE 2023,
EM PAPEL PÓLEN BOLD 90 g/m².